ŒUVRES COMPLÈTES

DE

HENRY MURGER

LES NUITS D'HIVER

ŒUVRES COMPLÈTES
D'HENRY MURGER

Format grand in-18

LES BUVEURS D'EAU.................... 1 vol.
LE DERNIER RENDEZ-VOUS................ 1 —
DONA SIRÈNE........................... 1 —
MADAME OLYMPE......................... 1 —
LE PAYS LATIN......................... 1 —
PROPOS DE VILLE ET PROPOS DE THÉÂTRE.. 1 —
LE ROMAN DE TOUTES LES FEMMES......... 1 —
LES ROUERIES DE L'INGÉNUE............. 1 —
LE SABOT ROUGE........................ 1 —
SCÈNES DE CAMPAGNE.................... 1 —
SCÈNES DE LA VIE DE BOHÊME............ 1 —
SCÈNES DE LA VIE DE JEUNESSE.......... 1 —
LES VACANCES DE CAMILLE............... 1 —

LES NUITS D'HIVER, poésies complètes, 4ᵉ édition. 1 vol.

LA VIE DE BOHÊME, comédie en cinq actes.
LE BONHOMME JADIS, comédie en un acte.
LE SERMENT D'HORACE, comédie en un acte.

BALLADES ET FANTAISIES, un joli volume in-32.

F. AUREAU. — Imprimerie de Lagny.

HENRY MURGER

LES NUITS D'HIVER

POÉSIES COMPLÈTES

SUIVIES D'ÉTUDES SUR HENRY MURGER

PAR

MM. JULES JANIN, THÉOPHILE GAUTIER, P.-A. FIORENTINO
ARSÈNE HOUSSAYE, PAUL DE SAINT-VICTOR

NOUVELLE ÉDITION

PARIS

MICHEL LÉVY FRÈRES, ÉDITEURS
RUE AUBER, 3, PLACE DE L'OPÉRA

LIBRAIRIE NOUVELLE
BOULEVARD DES ITALIENS, 15, AU COIN DE LA RUE DE GRAMMONT

1876

LES NUITS D'HIVER

SONNET

AU LECTEUR

Ami lecteur, qui viens d'entrer dans la boutique
Où l'on vend ce volume, et qui l'as acheté
Sans marchander d'un sou, malgré son prix modique,
Sois béni, bon lecteur, dans ta postérité !

Que ton épouse reste économe et pudique ;
Que le fruit de son sein soit ton portrait flatté
Sans retouche ; — et, pareille à la matrone antique,
Qu'elle marque le linge et fasse bien le thé !

Que ton cellier soit plein du vin de la comète !
Qu'on ne t'emprunte pas d'argent,—et qu'on t'en prête !
Que le brelan te suive autour des tapis verts ;

Et qu'un jour sur ta tombe, en marbre de Carrare,
Un burin d'or inscrive — *hic jacet* — l'homme rare
Qui payait d'un écu trois cents pages de vers !

DÉDICACE

DE LA VIE DE BOHÊME

Comme un enfant de Bohême,
Marchant toujours au hasard,
Ami, je marche de même
Sur le grand chemin de l'art.

Et pour bâton de voyage,
Comme le bohémien,
J'ai l'espoir et le courage :
Sans cela je n'aurais rien.

Car cette route si belle
Quand je fis mes premiers pas,
Maintenant je la vois telle,
Telle qu'elle existe, hélas!

Je la vois étroite et sombre,
Et déjà j'entends les cris
De mes compagnons dans l'ombre
Qui marchent les pieds meurtris.

J'entends leur chant de misère,
J'entends la plainte de mort
De ceux qui restent derrière;
Et pourtant j'avance encor

Et debout sur le rivage,
Les pieds mouillés par le flot.
Ami, c'est d'après l'orage
Que j'ai tracé mon tableau.

LES AMOUREUX

A NINON

Sur du vélin lisse, à tranche dorée,
Quand il eut écrit, et signé son nom,
Valentin ferma son épître ambrée,
Et sur l'enveloppe — il mit : Pour Ninon!

Valentin, madame, est un beau jeune homme
Que vous aimeriez, car il est très-blond;

Chacun l'examine et tout bas le nomme
Quand la bouche en cœur il entre au salon.

En moins de six mois, aux pieds de sa belle,
Valentin, dit-on, a déjà fondu,
Comme en un creuset, sa fortune et celle
D'un oncle, — lingot des Indes venu.

Mais l'oncle a fini sa carrière humaine ;
Il est mort avec son dernier écu :
Mort le verre en main, et la bouche pleine,
Tel que soixante ans il avait vécu.

C'est à ce propos, qu'à son adorée
Le pauvre héritier du pauvre défunt
Écrivait hier l'épistole ambrée
Dont Ninon d'abord huma le parfum.

LES AMOUREUX.

O cara mia, Ninette ! Ninette !
Sans aller plus loin, fonds tes yeux en eau,
L'oncle million a payé la dette
Que tout homme doit payer au tombeau.

Mais ce n'est pas là, Ninon, le plus triste,
Et pour sangloter attends un moment :
Ninon, je m'en vais me faire trappiste,
Ou bien m'engager dans un régiment.

Je suis ruiné des pieds à la tête.
Ruiné, ma chère ; hier j'ai vendu
Mon cheval barbare, — une fine bête
Comme au steaple-chease on en a peu vu.

Que la volonté du Seigneur soit faite !
Et sur nos amours baissons le rideau ;

1.

Quand je serai loin tu pourras, Ninette,
Le relever sur un amour nouveau.

Je n'ai plus le sou, ma chère, et ton code,
Dans un cas pareil, condamne à l'oubli ;
Et sans pleurs, ainsi qu'une ancienne mode,
Tu vas m'oublier, — n'est-ce pas, Nini ?

C'est égal, vois-tu, nous aurons, ma chère,
Sans compter les nuits, passé d'heureux jours.
Ils n'ont pas duré longtemps, — mais qu'y faire ?
Ce sont les plus beaux qui sont les plus courts.

1845.

OPHÉLIA

Sur un lit de sable, entre les roseaux,
Le flot nonchalant murmure une gamme
Et dans sa folie, étant toujours femme,
L'enfant se pencha sur les claires eaux.

Sur les claires eaux tandis qu'elle penche
Son pâle visage et le trouve beau,
Elle voit flotter au courant de l'eau
Une herbe marine, à fleur jaune et blanche.

Dans ses longs cheveux elle met la fleur,
Et dans sa folie, étant toujours femme,
A ce ruisseau clair, qui chante une gamme,
L'enfant mire encor sa fraîche pâleur.

Une fleur du ciel, une étoile blonde
Au front de la nuit tout à coup brilla,
Et, coquette aussi comme Ophélia,
Mirait sa pâleur au cristal de l'onde.

La folle aperçoit au milieu de l'eau
L'étoile reluire ainsi qu'une flamme,
Et dans sa folie, étant toujours femme,
Elle veut avoir ce bijou nouveau.

Elle étend la main pour cueillir l'étoile
Qui l'attire au loin par son reflet d'or,

LES AMOUREUX.

Mais l'étoile fuit; elle avance encor :
Un soir, sur la rive on trouve son voile.

Sa tombe est au bord de ces claires eaux,
Où, la nuit, Stella vint mirer sa flamme,
Et le ruisseau clair, qui chante une gamme
Roule vers le fleuve entre les roseaux.

1845.

MADRIGAL

Vous en rirez, pour en faire sourire

Les gens à qui vous irez le conter ;

Mais je vous aime et j'aime à vous le dire,

Ne dussiez-vous pas même m'écouter.

De cet amour j'ignore l'origine ;

Mon cœur plus tard doit peut-être en souffrir,

Mais ma blessure aimera son épine :

Il est des maux qu'on a peur de guérir.

Pour quelques mots échangés à voix basse,
Pour un instant auprès de vous passé
Dans mon chemin j'ai retrouvé la place
Où mes vingt ans autrefois m'ont laissé
Jeunesse, amour, poésie, espérance,
J'ai reconquis ce que j'avais perdu ;
C'est bien le moins qu'avec vous je dépense
Tout le trésor que vous m'avez rendu.

1850.

CHANSON

Bouche mignonne et lèvre rose,
    A la chanson
Toujours ouverte; voyez Rose
Alerte comme un gai pinson.
Pour en tresser une couronne,
A pleines mains dans le blé mur
    Rose moissonne
A pleines mains les fleurs d'azur.

Cheveux blonds flottant sous le voile
En longs anneaux,
A l'heure où la première étoile
Ramène le pâtre aux hameaux;
Rose, dont le cœur bat plus vite,
Dans les prés effeuille à son tour
La marguerite
Qui dit les secrets de l'amour.

Beaux bluets qu'on tresse en couronne
Dans les beaux jours,
Belles fleurs que le printemps donne
Pour oracle aux premiers amours,
Tout se fane bien vite, Rose :
Un jour tu n'auras à cueillir
De fleur éclose
Que dans les champs du souvenir.

1843.

RENOVARE

Avez-vous oublié, Louise,

Le coin fleuri du vieux jardin

Où, certain soir, ma main s'est mise

Pleine d'émoi dans votre main?

Nos lèvres cherchaient nos paroles,

Nos genoux touchaient nos genoux;

Nous étions assis sous les saules...

Dites, vous en souvenez-vous?

Avez-vous oublié, Marie,

L'échange de nos deux anneaux,

Les soleils d'or dans la prairie,

Le bois plein d'ombre et plein d'oiseaux,

La fontaine au bassin sonore,

Où nous avions nos rendez-vous?

De ces lieux, et d'autres encore,

Dites, vous en souvenez-vous?

Avez-vous oublié, Christine,

Le boudoir rose et parfumé,

L'humble chambre du ciel voisine,

Les jours d'avril, les nuits de mai?

Ces claires nuits où les étoiles

Semblaient vous dire : Ainsi que nous,

Belle, laissez tomber vos voiles...

Dites, vous en souvenez-vous?

LES AMOUREUX.

Louise est morte, hélas! Marie

A la débauche tend la main;

La pâle Christine est partie

Refleurir au soleil romain.

Louise, Marie et Christine

Pour moi sont mortes toutes trois;

Notre amour n'est qu'une ruine,

Et seul j'y pense quelquefois.

1843.

LE REQUIEM D'AMOUR

Alors que je voulais choisir une maîtresse,
Et qu'un jour le hasard fit rencontrer nos pas,
J'ai mis entre tes mains mon cœur et ma jeunesse
Et je t'ai dit : Fais-en tout ce que tu voudras.

Hélas! ta volonté fut cruelle, ma chère :
Dans tes mains ma jeunesse est restée en lambeaux,
Mon cœur s'est en éclats brisé comme du verre,
    Et ma chambre est le cimetière

Où sont enterrés les morceaux
De ce qui t'aima tant naguère.

Entre nous maintenant, n—i, ni, — c'est fini,
Je ne suis plus qu'un spectre et tu n'es qu'un fantôme,
Et sur notre amour mort et bien enseveli,
Nous allons, si tu veux, chanter le dernier psaume.

Pourtant ne prenons point un air écrit trop haut,
Nous pourrions tous les deux n'avoir pas la voix sûre;
Choisissons un mineur grave et sans fioriture;
Moi je ferai la basse et toi le soprano.

Mi, ré, mi, do, ré, la. — Pas cet air, ma petite!
S'il entendait cet air que tu chantais jadis,
Mon cœur, tout mort qu'il est, tressaillirait bien vite
Et ressusciterait à ce *De profundis.*

Do, mi, fa, sol, mi, do. — Celui-ci me rappelle
Une valse à deux temps qui me fit bien du mal :
Le fifre au rire aigu raillait le violoncelle
Qui pleurait sous l'archet ses notes de cristal.

Sol, do, do, si, si, la. — Point cet air, je t'en prie,
Nous l'avons, l'an dernier, ensemble répété
Avec des Allemands qui chantaient leur patrie
Dans les bois de Meudon, par une nuit d'été.

Eh bien! ne chantons pas, restons-en là, ma chère;
Et pour n'y plus penser, pour n'y plus revenir,
Sur nos amours défunts, sans haine et sans colère
Jetons en souriant un dernier souvenir.

Nous étions bien heureux dans la petite chambre
Quand ruisselait la pluie et que soufflait le vent;

Assis dans le fauteuil, près de l'âtre, en décembre
Aux lueurs de tes yeux j'ai rêvé bien souvent.

La houille pétillait; en chauffant sur les cendres,
La bouilloire chantait son refrain régulier
Et faisait un orchestre au bal des salamandres
  Qui voltigeaient dans le foyer.

Feuilletant un roman, paresseuse et frileuse,
Tandis que tu fermais tes yeux ensommeillés,
Moi je rajeunissais ma jeunesse amoureuse,
Mes lèvres sur tes mains et mon cœur à tes pieds.

Aussi, quand on entrait, la porte ouverte à peine,
On sentait le parfum d'amour et de gaîté
Dont notre chambre était du matin au soir pleine,
Car le bonheur aimait notre hospitalité.

Puis l'hiver s'en alla; par la fenêtre ouverte
Le printemps un matin vient nous donner l'éveil,
Et ce jour-là tous deux dans la campagne verte
Nous allâmes courir au-devant du soleil.

C'était le vendredi de la sainte semaine,
Et, contre l'ordinaire, il faisait un beau temps :
Du val à la colline et du bois à la plaine,
D'un pied leste et joyeux, nous courûmes longtemps.

Fatigués cependant par ce pèlerinage,
Dans un lieu qui formait un divan naturel,
Et d'où l'on pouvait voir au loin le paysage,
Nous nous sommes assis en regardant le ciel.

Les mains pressant les mains, épaule contre épaule,
Et, sans savoir pourquoi, l'un et l'autre oppressés,

Notre bouche s'ouvrit sans dire une parole,
    Et nous nous sommes embrassés.

Près de nous l'hyacinthe avec la violette
Mariaient leur parfum qui montait dans l'air pur;
Et nous vîmes tous deux, en relevant la tête,
Dieu qui nous souriait à son balcon d'azur.

« Aimez-vous, disait-il; c'est pour rendre plus douce
« La route où vous marchez que j'ai fait sous vos pas
« Dérouler en tapis le velours de la mousse.
« Embrassez-vous encor, — je ne regarde pas.

« Aimez-vous, aimez-vous : dans le vent qui murmure,
« Dans les limpides eaux, dans les bois reverdis,
« Dans l'astre, dans la fleur, dans la chanson des nids,
« C'est pour vous que j'ai fait renaître ma nature.

LES AMOUREUX.

« Aimez-vous, aimez-vous ; et de mon soleil d'or,
« De mon printemps nouveau qui réjouit la terre,
« Si vous êtes contents, au lieu d'une prière
« Pour me remercier, — embrassez-vous encor. »

Un mois après ce jour, quand fleurirent les roses
Dans le petit jardin que nous avions planté,
Quand je t'aimais le mieux, sans m'en dire les causes,
Brusquement ton amour de moi s'est écarté.

Où s'en est-il allé? Partout un peu, je pense ;
Car, faisant triompher l'une et l'autre couleur,
Ton amour inconstant flotte sans préférence
Du brun valet de pique au blond valet de cœur.

Te voilà maintenant heureuse : ton caprice
Règne sur une cour de galants jouvenceaux,

2.

Et tu ne peux marcher sans qu'à tes pieds fleurisse
Un parterre émaillé d'odorants madrigaux.

Dans les jardins de bal quand tu fais ton entrée,
Autour de toi se forme un cercle langoureux;
Et le frémissement de ta robe moirée
Pâme en chœur laudatif ta meute d'amoureux.

Élégamment chaussé d'une souple bottine
Qui serait trop étroite au pied de Cendrillon,
Ton pied est si petit qu'à peine on le devine
Quand la valse t'emporte en son gai tourbillon.

Dans les bains onctueux d'une huile de paresse
Tes mains, brunes jadis, ont retrouvé depuis
La pâleur de l'ivoire ou du lis que caresse
Le rayon argenté dont s'éclairent les nuits.

LES AMOUREUX.

Autour de ton bras blanc une perle choisie
Constelle un bracelet ciselé par Froment,
Et sur tes reins cambrés un grand châle d'Asie
En cascade de plis ondule artistement.

Tes cheveux crespelés selon la mode antique,
Blondissant comme l'or en reflets lumineux,
Des violents parfums d'une flore exotique
Enivrent le zéphyr qui voltige autour d'eux.

La dentelle de Flandre et le point d'Angleterre,
La guipure gothique à la mate blancheur,
Chef-d'œuvre arachnéen d'un âge séculaire,
De ta riche toilette achèvent la splendeur.

Pour moi, je t'aimais mieux dans tes robes de toile
Printanière, indienne ou modeste organdi,

Atours frais et coquets, simple chapeau sans voile,
Brodequins gris ou noirs, et col blanc tout uni.

Car ce luxe nouveau qui te rend si jolie
Ne me rappelle pas mes amours disparus,
Et tu n'es que plus morte et mieux ensevelie
Dans ce linceul de soie où ton cœur ne bat plus.

Lorsque je composai ce morceau funéraire
Qui n'est qu'un long regret de mon bonheur passé,
J'étais vêtu de noir comme un parfait notaire,
Moins les besicles d'or et le jabot plissé.

Un crêpe enveloppait le manche de ma plume,
Et des filets de deuil encadraient le papier
Sur lequel j'écrivais ces strophes où j'exhume
Le dernier souvenir de mon amour dernier.

LES AMOUREUX.

Arrivé cependant à la fin d'un poëme
Où je jette mon cœur dans le fond d'un grand trou,
Gaîté de croque-mort qui s'enterre lui-même,
Voilà que je me mets à rire comme un fou.

Mais cette gaîté-là n'est qu'une raillerie :
Ma plume en écrivant a tremblé dans ma main,
Et quand je souriais, comme une chaude pluie,
Mes larmes effaçaient les mots sur le vélin.

1849.

LA CHANSON DE MUSETTE

Hier, en voyant une hirondelle
Qui nous ramenait le printemps,
Je me suis rappelé la belle
Qui m'aima quand elle eut le temps.
Et pendant toute la journée,
Pensif, je suis resté devant
Le vieil almanach de l'année
Où nous nous sommes aimés tant.

LES NUITS D'HIVER.

Non, ma jeunesse n'est pas morte,
Il n'est pas mort ton souvenir;
Et si tu frappais à ma porte,
Mon cœur, Musette, irait t'ouvrir.
Puisqu'à ton nom toujours il tremble,
Muse de l'infidélité,
Reviens encor manger ensemble
Le pain béni de la gaîté.

Les meubles de notre chambrette,
Ces vieux amis de notre amour,
Déjà prennent un air de fête
Au seul espoir de ton retour.
Viens, tu reconnaîtras, ma chère,
Tous ceux qu'en deuil mit ton départ,
Le petit lit — et le grand verre
Où tu buvais souvent ma part.

LES AMOUREUX.

Tu remettras la robe blanche
Dont tu te parais autrefois,
Et comme autrefois, le dimanche,
Nous irons courir dans les bois.
Assis le soir sous la tonnelle,
Nous boirons encor ce vin clair
Où ta chanson mouillait son aile
Avant de s'envoler dans l'air.

Dieu, qui ne garde pas rancune
Aux méchants tours que tu m'as faits,
Ne refusera pas la lune
A nos baisers, sous les bosquets.
Tu retrouveras la nature
Toujours aussi belle, et toujours,
O ma charmante créature,
Prête à sourire à nos amours.

Musette qui s'est souvenue,

Le carnaval étant fini,

Un beau matin est revenue,

Oiseau volage, à l'ancien nid ;

Mais en embrassant l'infidèle,

Mon cœur n'a plus senti d'émoi,

Et Musette, qui n'est plus elle,

Disait que je n'étais plus moi.

Adieu, va-t'en, chère adorée,

Bien morte avec l'amour dernier ;

Notre jeunesse est enterrée

Au fond du vieux calendrier.

Ce n'est plus qu'en fouillant la cendre

Des beaux jours qu'il a contenus,

Qu'un souvenir pourra nous rendre

La clef des paradis perdus.

1850.

AU MUR DE MA CELLULE

Au mur de ma cellule, ainsi qu'un reliquaire
A qui cinq ans ont fait un linceul de poussière,
Pour tout autre que moi, symboles incompris,
De mon premier amour j'ai cloué les débris.

O jours qui n'êtes plus, jours qui faites sans trêves
Éclore tant de fleurs et fleurir tant de rêves;
Nuits, qui suivez ces jours, et vous, heures des nuits,
Où plane le silence, où pleurent les ennuis,

Où le jeune homme veille, appelant dans sa fièvre
Celle-là dont le nom lui caresse la lèvre;
O jours qui n'êtes plus, nuits qui suivez ces jours,
Lorsque vous nous fuyez en fuyant pour toujours,
Que reste-t-il de vous pour qu'on ne vous oublie?
Quelque ruban fané, quelque rose pâlie,
Un voile, des cheveux en bracelets tressés,
Des gants un soir de bal perdus et ramassés,
Pauvres hochets du cœur que plus tard l'esprit raille,
Et près d'un Clodion accroche à la muraille.

1844.

LA CHANSON D'HIVER

Les gens qu'amuse le théâtre
Nous ont fourni pour cet hiver
Du charbon de quoi remplir l'âtre;
Et le pain, dit-on, n'est pas cher.
Verrous tirés, ô ma petite!
Enfermons-nous pour nous aimer :
Tant que bouillira la marmite,
Nous serons là pour l'écumer.

Si d'amour sec et d'onde pure
L'amour, dit-on, ne vit pas bien,
Notre tirelire murmure
Le bruit du flot pactolien.
A ce doux bruit qui nous caresse,
Sans crainte nous pouvons dormir :
Nous avons six mois de tendresse
Sur la planche de l'avenir.

Comme on effeuille dans un livre
Un bouquet fraîchement cueilli,
Pour que plus tard il vous enivre
D'un reste de parfum vieilli ;
Si nous ne voulons pas, ma chère,
Avant le temps nous oublier,
Tristes ou gais, il faut nous faire
Des souvenirs pour nous lier.

LES AMOUREUX.

Quand le givre aux carreaux burine
Ses caprices étincelants,
Quand la neige épaissit l'hermine
Dont elle a vêtu les toits blancs,
Ermites du bonheur tranquille,
Oublieux, oubliés de tous,
Que notre amour frileux s'exile
Dans l'égoïsme du chez nous.

Messager de bonnes nouvelles,
Quand Noël au gai carillon
Fait pétiller les étincelles
De la bûche du réveillon ;
Célébrant la vieille coutume,
Entre le soir et le matin,
Sur la braise qui se consume
Nous ferons griller du boudin.

Échos de Rome et de Venise,
Quand les grelots du carnaval,
Qu'à son gré Gavarni déguise,
Fredonneront l'appel au bal ;
Prenant de loin part à la fête,
Nous boirons le reste du vin
Où jadis la pauvre Musette
Mouillait sa lèvre et son refrain.

Et tant qu'aux vives salamandres,
Lumineux esprits du foyer,
Le grillon, rossignol des cendres
Redira son cri familier :
Engourdis dans notre bien-être,
Comme au fond d'un nid duveté,
Sans regarder le thermomètre
Nous attendrons fleurir l'été.

1853.

LA JEUNESSE N'A QU'UN TEMPS

RONDE DE LA VIE DE BOHÈME.

    Notre avenir doit éclore
    Au soleil de nos vingt ans!
    Aimons et chantons encore;
    La jeunesse n'a qu'un temps.

    Cuirassés de patience
    Contre le mauvais destin
    De courage et d'espérance
    Nous pétrissons notre pain.

Notre humeur insoucieuse,
Aux fanfares de nos chants,
Rend la misère joyeuse,
La jeunesse n'a qu'un temps.

Si la maîtresse choisie,
Qui nous aime par hasard,
Fait fleurir la poésie
Aux flammes de son regard,
Lui sachant gré d'être belle,
Sans nous faire de tourments
Aimons-la, — même infidèle...
La jeunesse n'a qu'un temps.

Puisque les plus belles choses,
Les amours et la beauté,
Comme le lis et les roses,
N'ont qu'une saison d'été;

LES AMOUREUX.

Quand mai tout en fleurs arbore
Le drapeau vert du printemps,
Aimons et chantons encore :
La jeunesse n'a qu'un temps.

Notre avenir doit éclore
Au soleil de nos vingt ans !
Aimons et chantons encore ;
La jeunesse n'a qu'un temps.

1849.

CHANSONS RUSTIQUES

LE DIMANCHE MATIN

IMITÉ D'HÉBEL

Le Samedi dit au Dimanche :
« Tout le village est endormi ;
L'aiguille vers minuit se penche,
C'est maintenant ton tour, ami.
Moi, je suis las de ma journée,
Je veux aller dormir aussi ;
Viens vite, ton heure est sonnée.
Le Dimanche dit : « Me voici ! »

Il s'éveille en bâillant derrière
La nuit aux étincelles d'or,
Et frotte des mains sa paupière,
Et s'habille en bâillant encor.
Puis, quand il a fait sa toilette,
Pour aller lui donner l'éveil,
Il frappe à l'huis de la chambrette
Où dort son ami le Soleil.

« De votre alcôve orientale
Sortez, dit-il, grand paresseux ;
Stella, votre sœur matinale,
A l'horizon ferme les yeux.
Pour vous saluer, l'alouette
Chante déjà sur les sillons ;
Venez, venez, c'est jour de fête,
Choisissez vos plus beaux rayons ! »

Le Dimanche sur la montagne

Monte, et regarde autour de lui :

« Ils dorment tous dans la campagne,

Dit-il, ne faisons pas de bruit. »

Et doucement vers le village

Il redescend à petits pas

Et dit au coq : « Par ton ramage,

Mon ami, ne me trahis pas. »

Après la bonne nuit passée,

Pour vous accueillir au réveil

On voit sourire, à la croisée,

Le Dimanche assis au soleil.

Et si quelque enfant paresseuse

Rêve un peu tard sur l'oreiller,

Il lui laisse finir, heureuse,

Son rêve avant de l'éveiller.

C'est lui, le voilà, le Dimanche,
Avec le mois de mai nouveau ;
L'amandier met sa robe blanche,
Le bleu du ciel azure l'eau.
Les fleurs du jardin sont écloses,
On croirait voir le paradis ;
La violette parle aux roses,
Le chêne orgueilleux parle au buis.

Au bord du nid, battant des ailes,
L'oiseau chante en se réveillant,
Et dit bonjour aux hirondelles
Qui reviennent de l'Orient.
Dans son bel habit du dimanch
Le chardonneret marche fier,
Et vole aussi de branche en branche,
Et jette sa chanson dans l'air.

Il apporte dans les familles
A chacun ses petits cadeaux :
Des rubans pour les jeunes filles,
Et pour les enfants, des gâteaux.
Il ne fait que chanter et rire,
Il débouche les vieux flacons,
Et, le soir, de sa poche il tire
Les flûtes et les violons.

Voyez combien l'on est tranquille
Dans tout le village aujourd'hui ;
Le moulin à la roue agile
Et l'enclume ont cessé leur bruit.
Les bœufs ruminent à la crèche,
Libres du joug et du brancard,
Et la charrue avec la bêche
Se reposent sous le hangar.

Tout le monde paraît à l'aise,
On s'aborde d'un air content.
« Comment va ton père, Thérèse?
— Vilhem, comment va votre enfant?
— Bon temps, voisin, pour la futaille!
— Voisin, bon temps pour le grenier! »
Personne aujourd'hui ne travaille,
Excepté le ménétrier.

1844.

MA MIE ANNETTE

Réveillez-vous, ma mie Annette.
Et mettez vos plus beaux habits;
C'est aujourd'hui grand jour de fête,
Le jour de fête du pays.

La Jacqueline matinale,
En branle dans le vieux clocher,
Sonne la messe patronale
Et nous dit de nous dépêcher.

Allons, ma mie, allons plus vite,

Monsieur le curé nous attend.

Sans nous si la messe était dite,

Le bon Dieu serait mécontent.

Réveillez-vous, ma mie Annette,

Et mettez vos plus beaux habits ;

C'est aujourd'hui grand jour de fête,

Le jour de fête du pays.

Chaque maison est pavoisée

De drapeaux flottants et de fleurs,

Et l'on entend par la croisée

Sortir de joyeuses clameurs :

Ce sont les anciens du village

Qui devisent, autour d'un pot,

Des vieux amours de leur jeune âge

Et de l'homme au petit chapeau.

Réveillez-vous, ma mie Annette,

Et mettez vos plus beaux habits ;

C'est aujourd'hui grand jour de fête,

Le jour de fête du pays.

Après les vêpres et complies,

Bras dessus dessous, nous irons

Nous promener dans les prairies

Et dans les bois des environs ;

Nous reviendrons par la Venelle,

Où neige la fleur des sureaux,

Dont la sauvage odeur se mêle

Avec l'odeur des foins nouveaux.

Réveillez-vous, ma mie Annette,

Et mettez vos plus beaux habits ;

C'est aujourd'hui grand jour de fête,

Le jour de fête du pays.

Comme une outre enflant sa musette,
Ce soir, le vieux ménétrier
Fera, pour terminer la fête,
Danser sous le grand marronnier.
Et, laide ou belle, blonde ou brune,
Qu'il soit laid ou beau, jeune ou vieux,
Pour la faire danser chacune
Saura trouver un amoureux.

Réveillez-vous, ma mie Annette,
Et mettez vos plus beaux habits;
C'est aujourd'hui grand jour de fête,
Le jour de fête du pays.

Hélas! mon Dieu, je me rappelle
Que l'an dernier, à la moisson,
Celle qu'en vain ma voix appelle
Chanta sa dernière chanson.

De sa maison quand je l'ai vue
Pour la dernière fois sortir,
Elle était d'un drap blanc vêtue
Et ne devait pas revenir;

Car ma pauvre petite amie,
Sur un froid et dur oreiller,
Depuis longtemps est endormie
Et ne peut pas se réveiller.

1849.

LA MENTEUSE

— Où courez-vous, ma belle enfant,
Seule, à cette heure, dans la plaine,
Pied leste et le cœur palpitant,
Si loin, si tard, qui vous entraîne?
Où courez-vous, ma belle enfant?

— Oh! laissez-moi, ma mère pleure,
Car mon petit frère est perdu;
Nous l'appelons depuis une heure,

Et l'écho seul a répondu.

Oh! laissez-moi, ma mère pleure!

— Pour chercher l'enfant égaré
Est-il besoin d'avoir, mignonne,
Fleur au corset, bijou doré,
Fin soulier, dentelle et couronne,
Pour chercher l'enfant égaré?

— Ma grande sœur est mariée,
Je vais la rejoindre au festin,
Et du bal, où je suis priée,
J'entends d'ici le tambourin.
Ma grande sœur est mariée!

— De son frais bouquet nuptial
Depuis huit jours ta sœur aînée
A paré son sein virginal,

Et déjà la fleur est fanée
De son frais bouquet nuptial.

— Je vais là-bas, sous les vieux chênes,
Là-bas, rejoindre mon amant.
Il m'épouse aux feuilles prochaines.
Ne le dites pas à maman ;
Je vais là-bas, sous les vieux chênes

1844.

LES ABEILLES

En avril, lorsque la branche,
Que Mars a fait bourgeonner,
D'une étoile rose ou blanche
Commence à se fleuronner,
Le printemps nouveau réveille
Tout un peuple industrieux;
Aux fleurs du pêcher l'abeille
Prend son miel délicieux.

En juin, quand la plaine brille
Sous les feux de la Saint-Jean,
Quand l'acier des faux scintille
En rapide éclair d'argent;
Quand la faucheuse sommeille,
Son grand chapeau sur ses yeux,
Aux fleurs du sainfoin l'abeille
Prend son miel délicieux.

Au mois où la terre étale
La richesse des moissons,
Quand la sonore cigale
Frappe l'air de ses chansons,
Dans la lumière vermeille
Bourdonne un essaim joyeux,
Aux fleurs des sillons l'abeille
Prend son miel délicieux.

Sur la mousse colorée

Où l'aurore, le matin,

Dans les larmes s'est mirée,

La mouche trouve un butin;

Et quand l'amour appareille

La biche au cerf langoureux,

Aux fleurs des genets l'abeille

Prend son miel délicieux.

Dans la futaie éclaircie,

Sur le sol retentissant,

Quand la cognée ou la scie

Abat le chêne puissant;

Quand octobre a sur la treille

Jeté ses mourants adieux,

Aux pampres jaunis l'abeille

Prend son miel délicieux.

Sur les roches calcinées,
Lorsque la pente des eaux
Entraîne les graminées
Qui nourrissaient les oiseaux;
Au retour de la corneille,
Quand l'âtre allume ses feux,
Dans les bruyères l'abeille
Prend son miel délicieux.

A la veillée, où l'on cause
De l'amour et des amants,
Quand on ne voit plus de rose
Qu'aux visages de quinze ans;
Pendant qu'un conte émerveille
L'auditoire curieux,
Dans sa ruche chaque abeille
Trouve un miel délicieux.

1854.

LES CORBEAUX

Le jour tardif blanchit à peine,
La silhouette des coteaux
Dans l'ombre encore est incertaine,
La vapeur qui monte des eaux
Rampe en brouillard blanc sur la plaine
Où vont descendre les corbeaux.

De loin, bien avant qu'il paraisse,
Leur vol, que l'on entend venir,

Selon le vent monte ou s'abaisse;

Rien ne pourra les faire enfuir,

Car ils sont affamés sans cesse :

Tout leur est bon pour se nourrir.

Attirés par l'odeur malsaine,

Sur les carcasses d'animaux

On les voit tomber par centaine

Et dès qu'ils ont blanchi les os,

Ils abandonnent leur aubaine

Au tourbillon des étourneaux.

L'hiver, par la neige affamée,

Leur voracité s'enhardit,

Et dans la basse-cour fermée

La troupe noire entre, à midi,

Fouillant du bec dans la buée

Qui sort du fumier attiédi.

Sans étudier la Science

Dans *le Grand Messager boiteux*,

Ils savent quand on ensemence,

Et, suivant le pas lourd des bœufs,

Pillent la future abondance

Dans les sillons ouverts par eux.

Ils sont plus défiants qu'en guerre

Un avant-poste de soldats;

Le plus fin chasseur de la terre

De près ne les approche pas,

Et de loin ne les atteint guère :

Ils flairent la poudre à cent pas.

1856.

LE CHIEN DU BRACONNIER

A AMÉDÉE GUYOT

Pour fortune sur cette terre,
Où Dieu m'a fait naître sans bien,
J'ai le fusil de feu mon père,
Pour ami je n'ai que mon chien ;
Je l'ai choisi dans la portée,
Comme il venait d'être mis bas,
Et pour lui faire la pâtée
Souvent j'ai rogné mon repas.

Au marais, en plaine, en forêt,
Bon à courre et ferme à l'arrêt,
Il quête, haut le nez dans la brise;
Quand le coup part, la pièce est prise
Il est aussi bon qu'il est beau,
    Mon Ramoneau.

C'est Ramoneau que je l'appelle,
Et pour le vendre on m'offrirait
De l'or trois fois plein son écuelle,
Que je dirais : « Non, » sans regret;
Car depuis vingt ans que je chasse,
Par pluie, ou vent, ou plein soleil,
J'ai dressé bien des chiens de race
Sans jamais trouver son pareil.

Griffon pur à tête superbe,
Où dans le poil le regard luit

Tel que le ver luisant sous l'herbe,
Il est tout noir comme la nuit;
Et les limiers de vénerie
Qu'on estampille sur le flanc
D'un chiffre ou bien d'une armoirie
Ne sont pas nés d'un meilleur sang.

C'est un rude et madré compère :
Quand nous maraudons dans un bois,
S'il entend le propriétaire,
Il me l'annonce par la voix;
Et pour ne point donner l'alarme
Lorsqu'il évente un fin gibier,
Il est prudent comme un gendarme
Qui veut surprendre un braconnier.

Quand il a bien fourni sa tâche,
Et qu'au foyer, brisé, rendu,

Secouant sa queue en panache,
Il sommeille, long-étendu,
Croyant toujours mener le lièvre,
Il aboie intérieurement
Avec des mouvements de fièvre,
De petits sursauts en dormant.

Ses dents ne lui marquent plus d'âge;
Aussi vieux que le temps jadis,
La vieillesse a sur son pelage
Imprimé des chevrons blanchis;
Mais il a toujours bonne gueule;
Et, lorsque revient le printemps,
Autour de sa vieille épagneule
Il rôde encor de temps en temps.

Homme ou chien, ici-bas tout passe :
Ramoneau n'a plus le nez fin,

Son œil s'éteint, sa voix se casse;
Mais les vrais chiens n'ont pas de fin...
Dieu là-haut leur garde un bon gîte,
Frais en été, chaud dans l'hiver,
Au paradis des chiens d'élite,
Dans la meute de saint Hubert.

Au marais, en plaine, en forêt,
Bon à courre et ferme à l'arrêt,
Il quête, haut le nez dans la brise;
Quand le coup part, la pièce est prise.
Il est aussi bon qu'il est beau,
  Mon Ramoneau.

1859.

FANTAISIES

MARGUERITE

Elle s'appelait Marguerite,
Et comme celle à qui jadis
Faust allait offrir l'eau bénite,
On l'attendait au paradis.

C'était une humble et douce fille
Aimant son père et craignant Dieu
Dans plus d'une pauvre famille
On l'appelait l'ange du lieu.

LES NUITS D'HIVER.

Comme l'aurore matinale
Fraîche comme elle, s'éveillant
Dans son alcôve virginale,
Elle s'habillait en priant.

Pour unique et simple toilette,
Sans riche atour et sans miroir,
Elle ramenait sur sa tête,
En bandeaux plats, ses cheveux noirs.

Puis comme elle avait fait la veille,
Au joug du labeur se mettant,
Cigale en même temps qu'abeille,
Elle travaillait en chantant.

Mais le vieux refrain de romance
Qu'un vieux poëte avait chanté

Traversait dans son innocence,
Sans troubler sa limpidité.

Jusque vers sa quinzième année
Heureuse, elle vécut ainsi.
Qui donc peut l'avoir entraînée
Dans le chemin où la voici?

Maintenant elle est descendue
Aux bas lieux de l'impureté;
Son alcôve ouvre sur la rue,
Et son nom est numéroté.

Elle parle un langage étrange.
Met du carmin sale, et du blanc
A son front pur que son bon ange
N'osait effleurer qu'en tremblant.

LES NUITS D'HIVER.

Elle s'appelait Marguerite,
Et comme celle à qui jadis
Faust allait offrir l'eau bénite,
On l'attendait au paradis.

1842.

PRINTANIÈRE

L'hiver s'en va; déjà la cloche,
Douce comme un chant de cristal,
Murmure au printemps qui s'approche
L'*O filii* du jour pascal.
Dans l'air plus doux, les girouettes
Tournent au souffle du Midi,
Et pour un sou de violettes
On fait le bonheur de Nini.

L'hiver au pauvre fut rigide,
Il en a compté les longs jours,
En mesurant son bûcher vide
Quand la neige tombait toujours.
Sa dernière branche allumée
Rougit l'âtre d'un pâle éclair;
Moitié cendre et moitié fumée,
Le vent la dissipe dans l'air.

Pèlerins des grandes mers bleues,
Voyez, à l'Orient vermeil,
Les oiseaux qui font mille lieues
Entre deux levers de soleil.
Cris joyeux et battements d'ailes
Qui mettent le ciel en gaîté,
C'est le retour des hirondelles,
Et c'est le retour de l'été.

Mais depuis la dernière année
Les loyers sont bien renchéris,
Un trou noir dans la cheminée
Comme un entresol a son prix.
Pourvu que les propriétaires
N'augmentent pas en même temps
Que tous leurs autres locataires
L'ambassadrice du printemps.

Avec la jeune feuille verte
Qui sort du bourgeon printanier
Paraît, à sa fenêtre ouverte,
Ma voisine de l'an dernier.
Pendant les mois d'hiver, frileuse,
Elle n'a pas quitté son nid.
Jadis elle eût posé pour Greuze,
Maintenant c'est pour Gavarni.

1855.

A MA COUSINE ANGÈLE

ÉTRENNES.

Nous avons tous les deux laissé derrière nous
Une époque où la vie est bien bonne et bien belle;
Je m'en souviens encor, vous en souvenez-vous
De notre enfance heureuse? — ô ma cousine Angèle!

Ils sont bien loin ces jours, et déjà bien des fois
Les ans nous ont touchés en passant de leur aile;

Et notre gaîté blonde aux grands éclats de voix
Hélas! s'est envolée, — ô ma cousine Angèle!

Écoliers turbulents de la classe échappés,
Pour danser en chantant l'antique ritournelle :
« Nous n'irons plus aux bois, les lauriers sont coupés, »
Nous n'irons plus aux bois, — ô ma cousine Angèle!

Plus heureuse que moi, vous n'avez pas quitté
Le foyer de famille, et la voix maternelle
Conserve à votre cœur la sainte piété
Qui n'est plus dans le mien, — ô ma cousine Angèle!

Vous avez le travail pour compagnon le jour,
La nuit un ange blanc vous couvre de son aile,
Et des songes bénis descendent tour à tour
Du ciel à votre lit, — ô ma cousine Angèle!

Votre parole est douce ainsi que votre nom ;
L'esprit de la bonté dans vos yeux se révèle,
Et vos seize ans fleuris embaument la maison
D'un parfum de jeunesse, — ô ma cousine Angèle !

Autrefois, quand venait le jour de l'an nouveau,
Selon le contenu de ma pauvre escarcelle
J'arrivais tout joyeux vous offrir mon cadeau,
Qui ne coûtait pas cher, — ô ma cousine Angèle !

Mais depuis ce temps-là le diable, comme on dit,
S'est logé dans ma bourse, et vainement j'appelle
Plutus, l'aveugle dieu, que je crois sourd aussi,
Car il ne m'entend pas, — ô ma cousine Angèle !

Donc, vous n'aurez de moi nul présent aujourd'hui,
Ni keepsake éclatant, ni riche bagatelle,
Ni bijou ciselé par quelque Cellini,
Et ni bonbons sucrés, — ô ma cousine Angèle !

Vous n'aurez rien de moi qu'un serrement de main,
Ou qu'un baiser au front, — étrenne fraternelle,
Et puis ces pauvres vers que, ce soir ou demain,
Vous oublîrez sans doute, — ô ma cousine Angèle !

1844.

ANTITHÈSE

C'est un asile pauvre, une retraite austère
Où s'est clos, dans l'étude, un hôte solitaire.
      Le jour, il dort; la nuit,
Pour se mettre à son œuvre il se relève, allume
Sur sa table boiteuse une lampe qui fume,
      Et qui veille avec lui.

Dans l'âtre mort la cendre en talus s'amoncelle
Et le grillon frileux, amant de l'étincelle,

N'en voyant plus, hélas!
Cesse de lamenter sa plainte accoutumée
Sur le vieux chenet-sphinx où la bûche enflammée
Se tordait en éclats.

Et pourtant au dehors souffle une bise aiguë;
Sous de triples manteaux le passant, dans la rue,
Sent les ongles du froid;
L'étoile a des frissons dans la sphère divine,
Et la neige épaissit la fourrure d'hermine
Dont s'est vêtu le toit.

Aux vitres, où le vent par la fêlure glisse,
Le givre, en burinant son étrange caprice,
A déjà fait saillir
Une souple arabesque où se tord en spirale
Le feuillage irisé d'une flore idéale
Prête à s'épanouir.

La fenêtre est étroite et jamais ne s'éclaire
Au rayon matinal de la clarté solaire.
      Du sol jusqu'au plafond,
Sur les jaunes parois, la sueur de novembre
Semble un long chapelet formé de perles d'ambre
      Qui s'égrène et qui fond

Mais pour l'hôte du lieu, lorsque Paris sommeille,
Et qu'auprès de son œuvre il commence sa veille,
      Toute sa pauvreté,
Comme un palais féerique, à ses yeux s'illumine,
Car cet hôte est l'amant d'une muse divine
      Qui chante à son côté!

1843.

LE PLONGEUR

A MADAME CH. DE P...

Voulant mettre une étoile à son bandeau, la reine
Fait venir un plongeur et lui dit : « Vous irez
Dans ce palais humide, où chante la sirène,
Cueillir la perle blonde, et me l'apporterez. »

Le plongeur, descendu sous le flot qui l'entraîne,
Parmi les sables d'or et les coraux pourprés,

Cueille la perle blonde, et pour sa souveraine

La rapporte captive en des étuis nacrés.

Le poëte ressemble à ce plongeur, madame!

Et si votre caprice en souriant réclame

Un vers qui doit partout dire votre beauté.

Esclave obéissant, au fond de sa pensée,

Riche écrin où dans l'or la rime est enchâssée,

Il plonge, et va chercher le bijou souhaité.

1844.

AU BALCON DE JULIETTE

Votre balcon, madame, est d'une architecture
Qui du passant artiste attire le regard;
Sa forme est merveilleuse, et sa riche sculpture
Semble un morceau daté des meilleurs jours de l'art.

Un jeune Amour païen, d'une espiègle figure,
Supporte le balustre en aiguisant un dard
Qui, toujours menaçant, fera quelque blessure;
Et vous la guérirez, madame. — Tôt ou tard.

6.

Un malheureux atteint par l'aiguillon de flamme,
Aux soupirs de la nuit mêlant ceux de son âme,
Viendra sous ce balcon ; et, comme Roméo,

L'escalade permise, à vos pieds, Juliette,
Il attendra cette heure où chante l'alouette,
Cette heure des adieux, qui vient toujours si tôt !

1844.

PYGMALION

A T. DE B.

Les prêtres de Vénus attendent sa statue,

Mais l'artiste jaloux au temple athénien

Refuse d'exposer la figure attendue,

Car son cœur s'est épris de l'œuvre de sa main.

Devant lui la déesse étale toute nue

L'immobile splendeur de son beau corps divin;

Et l'artiste à genoux caresse de la vue

Le marbre inanimé, qui s'anima soudain !

Poëte! le miracle eut lieu dans l'ère antique,
Et les dieux exilés de la sphère Olympique
Comme l'artiste grec ne t'exauceront pas.

Épris de la beauté de ta propre chimère,
Comme Pygmalion son amante de pierre,
Tu ne la verras point s'animer dans tes bras.

1844.

LA ROSÉE

Le sylphe matinal qui verse la rosée,
Trop amoureux du lis, oublia ce matin
De baigner l'humble fleur demi-morte et brisée
Qu'une larme du ciel ranimerait soudain.

Comme fait un amant avec sa fiancée,
A quelque muse triste ayant donné la main,
Cherchant l'ombre et la paix, pied lent, tête baissée,
Un poëte le soir traversa le chemin.

Soit amour mal éteint, soit douleur mal fermée,
Il pleurait en marchant sous l'ombreuse ramée ;
Une larme tomba de ses yeux sur la fleur,

Sur la fleur demi-morte au pied du lis superbe,
Et qui reprit bientôt, parmi ses sœurs de l'herbe
Son arome champêtre et ses vives couleurs.

1844.

A HÉLÈNE

Enveloppé d'épaisse prose,
Comme de flanelle un frileux,
Laisse parler l'esprit morose,
Qui s'est trop pressé d'être vieux.
Le chardon médit de la rose;
C'est le péché des envieux.

Puisque la Providence est bonne,
Et répand d'une même main

Le bluet qu'on tresse en couronne
Parmi le blé qui fait le pain,
Profitons des biens qu'elle donne :
Aujourd'hui vaut mieux que demain !

Pourrais-tu donc perdre sans peine
Ainsi ta plus belle saison ?
Lorsque Dieu, d'amour la main pleine,
Fait sa divine semaison.
Tu peux ouvrir ton cœur, Hélène,
Le semeur bénit sa moisson.

1834.

A UNE ÉTRANGÈRE

Au pays regretté par Mignon tu naquis,
Et, pareille à Mignon, tu regrettes et pleures,
Sous le ciel étranger, le ciel de ton pays.

Rien ne peut te distraire, et tu passes les heures
A regarder mourir un arbuste apporté
Du sol où l'oranger fleurit toute l'année.

Dans le jardin d'Exil avec toi transplanté,
Vois : son feuillage est pâle et sa fleur est fanée ;
Tu n'as plus de sourire, il n'a plus de parfums.

Pour que l'arbre renaisse et de nouveau fleurisse
Sa moisson odorante et ses beaux cheveux bruns,
Pour que l'ennui s'efface à son front pur qu'il plisse,

Il vous faut à tous deux le soleil du pays,
Regretté par Mignon quand aux cieux elle aspire ;
Et l'arbre aura des fleurs, et ton front le sourire
Qu'un peintre au nom d'archange a tant cherché jadis.

Traînant, traînant ta chétive existence,
Dans les sentiers tu t'arrêtes souvent,
Regardant fuir l'ombre de l'Espérance,
Spectre railleur qui va toujours devant ;
Voyant partout le vice ou la sottise,
L'hypocrisie au maintien indigné,
Sûr du destin que je te prophétise,
Marche! ton but n'est pas bien éloigné.

Quand du malheur tu sauras le martyre,
Lorsque ton cœur sera triste, ulcéré,

LES NUITS D'HIVER.

Ne pleure pas, tes larmes feraient rire :
Il est des gens qui n'ont jamais pleuré.
A ces heureux, loin de porter envie..
Jette en passant un regard de pitié,
Car, sans les pleurs, que sait-on de la vie ?
C'est un roman qu'on n'a lu qu'à moitié.

Septembre 1844.

A G. D.

Ami, — puisqu'à ton front l'art a mis deux étoiles,
Puisqu'un double rameau fleurit entre tes mains,
Du couple fraternel va soulever les voiles.
Et marche rayonnant dans les sentiers humains.

Ami, — puisque le temple a pour toi deux idoles,
Sur les autels jumeaux allume l'encensoir;
Puisque sur ton blason Dieu grava deux symboles,
Prends le pinceau le jour, et la lyre le soir.

Ami, — puisque ta sphère est deux fois constellée,
Que de ton cœur sans cesse émane un double accord,
Par deux divinités, ton espérance ailée
Dans un ciel lumineux doit prendre un double essor.

Ami, — peintre et poëte, âme deux fois sacrée,
Partage ton amour entre les deux sillons ;
Palette harmonieuse et lyre colorée,
Répands tes deux parfums, jette tes deux rayons.

Novembre 1841.

SI TU VEUX ÊTRE LA MADONE

Si tu veux être la Madone,
Vierge comme elle, ô mes amours !
Dis un mot, et mon ciseau donne
Au marbre blanc tes purs contours.

Des saintes qu'à Rome on admire
Tu seras la plus belle encor;
Et les poëtes, pour le dire,
Vont préparer leur plume d'or.

A ton gré choisis, — marbre ou toile,

Statue ou tableau, — dès demain,

Pour mettre à ton front une étoile,

Mon cœur viendra guider ma main.

Si tu veux être la Madone,

Dans une châsse de vermeil

On viendra t'offrir pour couronne

Le lis pur, à ton front pareil ;

Et, si tu veux, ô ma divine !

Bientôt ton image à l'autel

Rendra jalouse Fornarine,

La maîtresse de Raphaël.

Sous les piliers de ton église,

Des pèlerins, de loin venus,

Inclineront leur barbe grise

Sur la blancheur de tes pieds nus ;

Et ceux que le bourreau menace,

Guidés par un esprit sauveur,
Viendront chercher asile et grâce
A ton piédestal protecteur.

Puisque ton front toujours se voile
Quand je veux y mettre un baiser,
Sur ton image, — marbre ou toile,
Oh! du moins laisse-moi poser!
Laisse-moi poser, ô Marie!
Pour baiser, pour sceau radieux,
L'immortalité du génie; —
C'est un manteau qu'ont mis les dieux.

Si tu veux être la Madone,
Vierge comme elle, ô mes amours!
Dis un mot, et mon ciseau donne
Au marbre blanc tes purs contours.

Février 1843.

LE VIN BLEU

Au cabaret des bruyantes barrières,
Avec des gens qui n'ont ni feu ni lieu,
Et qui buvaient l'oubli de leurs misères
Dans les flots noirs du vin qui tache en bleu;
Au fond d'un pot de faïence vernie,
Plein jusqu'au bord d'une épaisse liqueur,
Pour oublier ce qu'il faut que j'oublie,
J'ai, l'autre soir, été noyer mon cœur.

Ce n'était pas cette ivresse joyeuse

Qui fait sourire à travers les cristaux

Le sang pourpré de la vendange heureuse

Où la Bourgogne a manqué de tonneaux.

Amère au cœur aussi bien qu'à la bouche,

Triste à navrer, douloureux à mourir,

Dans cette ivresse inquiète et farouche,

Je n'ai pas pu noyer mon souvenir.

A UNE DAME INCONNUE

DEMANDE D'AUDIENCE

Madame, je n'ai pas l'honneur de vous connaître,
Mais supposez qu'on fait relâche à l'Opéra,
Et qu'après son dîner, votre seigneur et maître
A son club est allé tailler le baccarat.

Si vous le permettez, — supposons qu'une dame,
Votre amie, auprès d'elle a retenu celui
Dont on parle tout bas quand on est femme à femme,
Celui qui vous nomme *elle,* et que vous nommez *lui.*

Vous voici toute seule au coin de l'âtre où pleure

Le lamentable vent d'un hiver pluvieux,

Et, regardant courir le pied léger de l'heure,

Déjà vous regrettez de ne pas être deux.

Tout Paris a la grippe et boit de la tisane ;

Votre griffon d'Écosse est lui-même enrhumé ;

Les salons sont fermés, et le temps vous condamne

A la réclusion du boudoir parfumé.

Que ferez-vous ce soir? Sur le clavier sonore

Allez-vous éveiller l'âme de Bellini?

Ou ferez-vous rugir le cri fauve du More

Que Shakspeare a créé, pressentant Rossini?

Mais votre érard, faussé par l'humide atmosphère,

Appelle en sons douteux les soins de l'accordeur;

Ne pouvant plus chanter, vous essaîrez de faire
Sur votre canevas naître encor une fleur.

Mais, si l'aiguille casse, ou, si dans votre laine
Vous retrouvez les jeux de la chatte ou du chien,
Sans être impatiente, êtes-vous bien certaine
De pouvoir renouer l'écheveau gordien?

Ne pouvant plus broder, que ferez-vous, madame?
J'en pourrais témoigner, la paresse a du bon;
Mais le repos du corps, c'est le travail de l'âme,
Et la vôtre a besoin d'une distraction.

Si pour une heure ou deux vous vouliez le permettre,
Je tiendrais compagnie à votre ennui naissant.
On peut me recevoir sans trop se compromettre,
Et ne m'a pas qui veut, vous soit dit en passant.

PETITS POËMES

Celui-là, dont je veux dire la triste fin,
Vivait dans notre siècle et dans son air malsain.
Isolé de bonne heure au milieu de la vie,
La solitude avait été sa seule amie.
Orphelin, il aimait à la nommer sa sœur;
Et, seule, elle a connu les secrets de son cœur.

Tout ce qu'on sait de lui, chacun se le répète
Maintenant qu'il est mort : c'est qu'il était poëte,
Et que, s'abandonnant à la grâce du ciel,
En pleurant il quitta l'humble toit paternel,

Le jour même où ce toit, asile des ancêtres,

La mort étant venue, était resté sans maîtres.

Certes, — s'il est au monde un souvenir de deuil

Qui vive bien longtemps, c'est celui du cercueil

Qu'un jour, dans le chemin menant au cimetière,

On suivit à pas lents en s'écriant : « Mon père! »

Mais, si, le crêpe au bras, il faut reprendre encor

La route où le cyprès verse l'ombre à la mort;

Pour la seconde fois, s'il faut que l'on assiste,

Indigente ou pompeuse, à cette scène triste ;

Quand, derrière ce corps qui vêtit le linceul,

A marcher en pleurant on se trouve tout seul,

Quand votre mère est morte et que sa fosse ouverte

Fait l'enfant orphelin et la maison déserte,

Dans les jours les plus beaux ou dans les pires jours,

De ce second voyage on se souvient toujours.

Or, celui dont je parle, et qui ne peut m'entendre,
Dans une seule année avait dû deux fois prendre
Le chemin des tombeaux, et, chaque fois, hélas!
Y conduire un de ceux qu'on ne ramène pas.

C'est ainsi qu'à quinze ans il resta seul au monde.
Mais, s'émouvant pour lui d'une pitié profonde,
Une femme, — une mère, ayant mis dans sa main
Quelque argent, — de Paris l'enfant prit le chemin.
Paris! — Pourquoi choisir cette ville entre toutes?
Et pourquoi, se trouvant à la croix de deux routes,
Ne se trompa-t-il point, hélas! — et n'a-t-il pris
Celle-là qui pouvait l'éloigner de Paris?

C'est que dans un collége, — et malgré l'indigence,
Son père l'avait mis, croyant que la science
Était le seul trésor qui pouvait remplacer
Celui qu'en héritage il ne pouvait laisser.

Ainsi, durant l'époque à laquelle l'enfance

Mange ce pain du ciel appelé l'espérance,

Et, libre comme l'est un oiseau, peut courir

Des baisers de la mère aux baisers du plaisir,

Dans ces jours si fleuris et si courts, qu'on les nomme

Le printemps de la vie et le matin de l'homme,

Celui-là dont je veux dire la triste fin,

Grand affamé de jeux, dut mesurer sa faim ;

Épris de liberté, de grand air et d'espace,

Quitter le doux loisir pour l'ennui de sa classe,

Et, sous le regard froid d'un pédant maigre et noir,

Souvent boire un poison au vase du savoir.

Le poison, il le but, — et puis un autre ensuite.

S'il en est temps encore, ô père imprudent ! vite

Retourne à ce collége, et, sans perdre un instant,

De ces bancs studieux enlève ton enfant ;

Arrache de ses mains, foule à tes pieds, déchire

Ce livre qu'il épèle, avant qu'il sache lire ;

Conserve-lui l'habit que tu n'as pas quitté,

Le pauvre vêtement qu'aima la liberté,

Le sarrau plébéien fait de bure grossière;

Qu'il reste un paysan, comme est resté son père.

L'humilité d'esprit, c'est le savoir du cœur.

N'en fais pas un savant, fais-en un laboureur.

Mais le père fut sourd, car il croyait bien faire.

A l'heure de midi, quand la cloche libère

Par un signal connu les jeunes écoliers,

A son doux carillon, rudiments et cahiers,

Tout se ferme à la fois, et la cloche encore sonne,

Que déjà dans la classe on ne voit plus personne.

Ils sont tous au jardin, tous aux jeux, hors un seul.

Dans un coin, sur un banc qu'ombrage un vieux tilleul,

Il s'est assis, la tête entre ses mains posée,

Il lit tout bas un livre à reliure dorée.

Depuis cinq ans bientôt qu'en soupirant il a
Pris l'habit lycéen, chaque jour il vient là,
S'asseoit avec son livre, et, dans la solitude,
De l'heure du plaisir fait une heure d'étude.
Quand il vint au collége, il savait ce qu'apprend
Un pauvre magister dans son cours ignorant,
C'est-à-dire épeler couramment l'Évangile,
Compter selon Barème, et, d'une main habile,
Aux fêtes de famille, ou bien au jour de l'an,
Écrire ses souhaits sur un beau feuillet blanc;
Mais il sait maintenant bien des choses nouvelles,
Et, le soir, en filant, à la veillée, entre elles,
Les femmes du village à la mère ont souvent
Envié le bonheur d'avoir un fils savant.

Mais Chénier n'est pas le premier qu'il ait lu :
Sous des noms étrangers — il a déjà connu
Myrto la Tarentine, et la jeune Néère
Pour le beau Clinias abandonnant sa mère ;
Amymone et Lydé, Camille et Pannychis
Avec Néobulé, la sœur d'Amarillys,
Dans Horace et Virgile il vous a cent fois vues,
Quelquefois sous le voile — et souvent toutes nues ;
Toutes il vous connaît, et vous aussi, pasteurs,
Qui paissez vos troupeaux dans la prairie en fleurs,
Il vous comprend et lit vos chansons pastorales
Où dans les blés jaunis murmurent les cigales.

Dans l'idylle et l'églogue il vous a rencontrés,

Satyres et sylvains, — nymphes qui vous mirez,

Tremblant qu'un indiscret, le soir, ne vous surprenne,

Toutes blanches, — sans voile, — au bord de la fontaine.

De Rome à Syracuse et d'Athène à Théos,

Chantres de tous les dieux et de tous les héros,

A l'arène, au forum, au théâtre, au Portique,

Il a suivi vos pas sous le ciel de l'Attique.

Pèlerin curieux, il a tout visité,

Sur les plus hauts sommets — tout jeune il est monté.

Gravissant l'Iliade aux cimes escarpées,

L'Iliade géante entre les épopées,

De son faîte sublime, à l'entour il put voir

Toute l'antiquité devant lui se mouvoir.

Mais, en fouillant aussi l'époque fabuleuse,

Rêveur, il rencontra la déesse rêveuse

Sous la tunique blanche et le bandeau sacré,
Diadème éternel de son front inspiré.
Une lyre à la main, cette muse si belle,
Il la vit et fut pris d'un grand amour pour elle.

Et, depuis cette époque, à cet amour rêvant,
Aux pieds de la déesse, il s'enivre en buvant
Un miel de poésie à cette coupe antique
D'où s'élève un parfum de liqueur homérique.

LETTRE A UN MORT

A LA MÉMOIRE DE MON AMI J. D...

STATUAIRE

Depuis ce jour d'hiver où, par un ciel en deuil,
On creusa devant nous, pour coucher ton cercueil,
    Un lit froid dans la terre humide,
Ton frère, me sachant sans pain et sans foyer,
M'a dit : « J'ai l'un et l'autre ; » et je suis héritier,
    Pauvre ami, de ta place vide.

8.

Dans cet isolement où tu nous a laissés,

Nous vivons tous les deux, nous vivons, et tu sais,

    Toi qui vécus, de quelle vie ;

Et, lorsque nous pensons à toi qui dors là-bas,

Nous avons dit souvent : « Faut-il le plaindre, hélas!

    Faut-il le regret ou l'envie? »

Mais alors,il nous semble entendre auprès de nous

Une voix qui nous dit : « Si le premier de vous

    J'ai quitté mon œuvre ébauchée,

Mon grand archange blanc, au sourire divin,

C'est que la Mort m'a pris le ciseau dans la main ;

    Mais je ne l'avais pas cherchée.

«Luttez, souffrez, pleurez,—mais vivez tous les deux

Je souffre plus que vous dans mes repos affreux.

    Hélas! c'est moi qui vous envie :

Car vous pouvez encor, sans feu, sans toit, sans pain,

Formuler votre rêve, et d'un pas souverain
    Laisser la trace dans la vie.

« Luttez encor, luttez. — Puis vous pourrez après
Venir dormir ici sous l'if ou le cyprès.
    On dira : « C'est là qu'est leur tombe. »
Moi, je suis tout entier descendu dans la mort.
Au cœur de mes amis mon souvenir s'endort :
    Après la terre, — l'oubli tombe. »

Et cette voix qui parle est la tienne ! Et pourtant,
Nous que la même voix jadis émouvait tant,
    Nous qui sentions à ta parole
Couler dans notre sang l'enthousiasme fiévreux
Où l'on se bat les mains, où l'on se dit : « Je veux
    Mon laurier d'or au Capitole ! »

Parce que c'est ta voix, nous écoutons encor ;
Mais rien ne s'émeut plus en nous, car tout est mort.

Depuis longtemps nous sommes calmes;
Nous n'avons plus d'orgueil et plus d'ambition,
Et nous ne rêvons plus cette acclamation
    Qui poursuit le vainqueur des palmes.

Nous avons cru pouvoir, — nous l'avons cru souvent,
Formuler notre rêve, et le rendre vivant
    Par la palette ou par la lyre;
Mais le souffle manquait, et personne n'a pu
Deviner quel était le poëme inconnu
    Que nous ne savions pas traduire.

Puisque nous ne pouvons rien créer, à quoi bon
Continuer notre œuvre, et faire à notre nom
    Ouvrir la bouche de l'insulte?
Nous nous sommes trompés, nous le voyons trop tard.
Qu'importe! — il faut laisser les instruments de l'art
    Aux hommes choisis pour son culte.

Maintenant nous suivrons les vulgaires chemins,
Nous ferons au hasard œuvre de nos deux mains
  Pour vivre encor et pour attendre
L'heure où l'on creusera près du tien notre lit,
Et, comme sur ton nom, sur nos deux noms l'oubli
  Le lendemain pourra descendre.

1843.

ULTIMA SPES MORTUORUM

I

Demain, pour annoncer la fête mortuaire,
    Les cloches sonneront ;
Et ceux qui sont couchés dans les plis du suaire
    Alors s'éveilleront.

S'animant pour un jour, leurs invisibles ombres,
    En sortant des tombeaux,

Voltigeront parmi les sycomores sombres
        Aux funèbres rameaux.

Et toutes, frissonnant sous des bises glacées,
        Sous un ciel sombre et noir,
Elles diront encor, d'espérance bercées :
        « Nous allons les revoir !

« Ceux dont le cœur aimant sans doute encor nous pleure,
        Nos amis d'autrefois,
Pèlerins en grand deuil vont venir tout à l'heure
        Prier sur notre croix.

« Ils nous apporteront, cœurs pieux et fidèles
        Où parle un souvenir,
« Les fleurs que nous aimons, ces pauvres immortelles,
        Qu'on voit si tôt mourir ! »

I.

Pourquoi de vos linceuls secouer la poussière?
Pourquoi venir trembler sous notre ciel brumeux?
Quel bruit interrompit dans votre lit de pierre
Le sommeil éternel qui pesait sur vos yeux?

Quel appel vint troubler les songes que vous faites
Dans l'asile funèbre où nous dormirons tous?
Et, pour vous éveiller comme au temps des prophètes,
Quel nouveau Christ a dit : « Lazares, levez-vous? »

Ombres de tous les morts, invisibles fantômes,
De la terre d'exil pourquoi franchir le seuil?
Qu'espérez-vous encor de ce monde où nous sommes,
Puisque vous espérez, même dans un cercueil?

Ce qu'ils viennent chercher, tout le temps de leur vie
Ils l'ont à chaque pas heurté dans le chemin :
C'est la déception par une autre suivie
Pour faire avec l'espoir un éternel hymen.

Ce qu'ils viennent tenter, c'est la dernière épreuve ;
Jusqu'au fond du tombeau ce qu'ils emporteront,
Tristement convaincus, c'est la dernière preuve
Que jamais à l'oubli les morts ne survivront.

Quand du *De profundis* la lugubre harmonie
  Vous conduisait ici,
Avec l'homme de Dieu, sur la fosse bénie,
  Alors priaient aussi

Vos parents, vos amis, vos sœurs et vos amantes,
    Tous ceux qu'au dernier jour
Vous aviez en pleurant sur vos lèvres mourantes
    Embrassés tour à tour.

Et tous ils vous disaient, à cette heure suprême
    De solennel adieu,
Où votre âme attendait le parfum du saint chrême
    Pour s'envoler à Dieu,

Tous ils vous répétaient, des larmes aux paupières,
    Que, de l'oubli vainqueurs,
Vos noms seraient toujours présents dans leurs prières
    Et présents dans leurs cœurs.

Eh bien, donc, aujourd'hui, sortant de vos abîmes,
    Venez jusqu'à ce soir
Vainement les attendre, — éternelles victimes
    D'un éternel espoir.

Partout les âmes inquiètes
Voltigent dans les sombres ifs,
Et semblent écouter, muettes,
Les murmures des vents plaintifs,
Dans les solitaires allées.
Toutes ces ombres désolées,
N'entendant aucun pas humain,
Amis, amants, époux et mères
Étouffent leurs larmes amères
En disant : « Ils viendront demain. »

IV

Seigneur ! vous savez bien qu'il ne viendra personne,
Et que ces malheureux vont revenir en vain,
Épier un regret, attendre une couronne
Qu'on n'apportera pas aujourd'hui — ni demain.

Seigneur! vous savez bien que c'est une ironie!
Que ce qui disparaît est bien vite oublié,
Et que l'œil qui pleurait devant une agonie
Avec un coin du crêpe est bientôt essuyé.

Seigneur! vous savez bien qu'aujourd'hui sur la terre
L'égoïsme et l'oubli se sont fait large part,
Et que, s'il est des cœurs épargnés par l'ulcère,
L'ulcère saura bien y pénétrer plus tard.

Seigneur! vous savez bien qu'ici la race humaine
Est si lasse de suivre et de poursuivre en vain
Le fantôme d'espoir qui toujours la promène,
Qu'arrivée à la tombe, elle s'écrie : « Enfin!

« Je vais me reposer dans l'ombre et le silence.
Que m'importe un ciel bleu! que m'importe un ciel noir!
Ici l'on dort en paix sans craindre la souffrance :
Rien n'y peut pénétrer. — rien, pas même l'espoir. »

Dans son dernier repos, pour troubler cette cendre,
Le fantôme railleur pourtant pénètre encor ;
Pour la faire souffrir, près d'elle il vient descendre :
Chassé par les vivants, il va tromper la mort.

Pourquoi donc fîtes-vous l'espérance immortelle,
Seigneur, puisque sans cesse elle doit nous mentir ?
Et pourquoi faire ainsi la douleur éternelle,
Si vous voulez que l'homme ait le temps de bénir ?

Novembre 1841.

A LA FONTAINE DE BLANDUSIE

IMITATION D'HORACE

(*O fons Blandusiæ*)

Fontaine au flot plus clair que le cristal sacré
Où des libations le vin est préparé,
Demain, dans ce bassin où ton onde caresse
Un rivage de marbre apporté de la Grèce,
Je veux semer des fleurs et répandre le sang
D'un chevreau jeune encor, dans l'herbe bondissant.

C'est vainement déjà que son instinct devine
La chèvre en liberté, paissant sur la colline ;
Vainement qu'il s'apprête à la lutte, à l'amour :
Demain, je te l'immole à la chute du jour.

Victime dont les fleurs parfument l'agonie,
Ses derniers bêlements à la douce harmonie
Que la brise du Tibre éveille en tes roseaux
Se mêleront ainsi qu'à tes limpides eaux,
Miroir de la naïade amante des fontaines,
Se mêlera le sang échappé de ses veines.
Puis, sur le luth d'ivoire à mon bras suspendu,
Des siècles à venir pour qu'il soit entendu,
Je veux chanter ton nom, ô fraîche Blandusie !
Mais de mon sacrifice et de ma poésie,
En acceptant l'hommage, oh ! du moins quelquefois
Si ma voix te supplie, écoute alors ma voix.
Ma voix qui te dira, doucement amoureuse

N'attends-tu pas ce soir la craintive baigneuse,

Néobulé la blonde, aux regards ingénus,

Que, sur l'autel du temple, on prendrait pour Vénus ;

Néobulé que j'aime et qui fuit ma parole

Pour celle d'un enfant vainqueur au discobole,

Timide adolescent qui ne sait que rougir,

Et qu'un baiser d'amour ferait évanouir,

Mais qu'elle me préfère aujourd'hui, l'infidèle,

Car il est, cet enfant, aussi beau qu'elle est belle?

Et depuis que trois fois, au milieu des bravos,

Son nom fut proclamé, même par ses rivaux,

Le jeune Hébrus, partout, à son pas attachée,

Trouve Néobulé, pour moi seule cachée.

Mais, puisque dans ton onde elle revient souvent

Baigner son pied d'albâtre et dénouer au vent

Ses cheveux, que, suivant les modes lesbiennes,

Ont tressés sur son front d'autres mains que les miennes ;

9.

Puisque souvent encor, sur le sable doré,

L'un après l'autre elle a lentement retiré

Jusqu'à son dernier voile, et qu'alors elle mire

Son beau corps, caressé par l'amoureux Zéphyre, —

Dans tes flots transparents, de ma Néobulé,

Ce beau cygne inconstant de mon toit envolé,

Dans tes flots pour mes yeux conserve au moins l'image,

Miroir de Blandusie, et que sous ton bocage

Je rencontre toujours, flottant à mon côté,

Le mensonge aussi bien que la réalité.

1842.

A UN ADOLESCENT

Vos yeux m'ont révélé ce que vous vouliez taire,
Enfant, et j'ai compris tout votre grand mystère.
Dans la saison fleurie où vous êtes entré,
A peine au premier pas, vous avez rencontré,
Et vous suivez déjà du regard et de l'âme
Un ange, une sirène, ou plutôt une femme!
Fantôme qui, je gage, est le portrait vivant
D'une apparition que vous vîtes souvent

Soulever vos rideaux au dortoir du collége;

Et déjà, pour chanter la belle au front de neige,

Pour dire ses beaux yeux, son sourire enfantin,

Je vous vois dérober au Parnasse latin

Toutes les fleurs d'amour dont le divin Virgile

Semait la pastorale et parfumait l'idylle.

Ai-je deviné juste enfin, et pensiez-vous

Me cacher un secret que vous dites à tous?

Car il est dans vos yeux écrit pour qui sait lire,

Et vous l'avez trahi mille fois sans le dire.

Ainsi donc à quoi bon vouloir mentir encor

Et jouer à seize ans un rôle de Nestor?...

Dépouillez, dépouillez ce faux manteau de sage,

Trop lourd pour votre épaule et trop lourd pour votre âge;

Laissez dormir en paix tous vos auteurs poudreux,

Qui, s'ils étaient vivants, discuteraient entre eux;

Et, dans l'antiquité si vous voulez un guide,

Choisissez Épicure, ou l'amoureux Ovide ;

Ils sont de bon conseil, et leurs folles chansons

Vous feront oublier les austères leçons

Des sages rassemblés au portique d'Athène.

Croyez-moi, la sagesse est une chose vaine ;

C'est le mal d'un autre âge, et plus tard vous l'aurez !

Mais maintenant, jeune homme, oh ! sans attendre, ouvrez,

Ouvrez à vos désirs ailés d'impatience

Les portes de la vie où de vivre on commence ;

Et, si vos passions ont leur virginité,

Déflorez-les sans hâte, avec pudicité.

Mais d'abord, avant tout, allez rejoindre celle

Qui vous attend toujours et vous veut auprès d'elle,

Et pleure en écoutant l'heure du rendez-vous

Sonner sans vous avoir assis à ses genoux.

Partez ! pour vous le ciel, dans l'ombre de ses urnes,

Étale la splendeur de ses écrins nocturnes ;

Partez ! tous ces oiseaux qui chantent dans leurs nids

Font un épithalame à vos amours bénis,

Et l'air, tout embaumé des senteurs de la plaine,

Murmure aussi pour vous sa fraîche cantilène.

Partez! pour l'escalade elle a tout apprêté :

L'échelle est suspendue au vieux balcon sculpté,

Et, comme Julietta, l'amante véronaise,

Dans ses vêtements blancs, pensive sur sa chaise,

Votre maîtresse attend. Partez, mon Roméo !

Entre ses bras restez jusqu'au chant de l'oiseau,

Et, durant cette nuit, sur son beau front sans voiles,

Mettez plus de baisers qu'il n'est aux cieux d'étoiles.

LES ÉMIGRANTS

Nous sommes la pauvre famille
Émigrant vers d'autres climats:
Nous n'emportons pour pacotille
Que notre courage et nos bras.

Des bonnettes à la grand'voile,
Jusqu'au dernier pouce on a mis
Tout ce qu'on peut tendre de toile
Sur le trois-mâts *les Deux-Amis*.

LES NUITS D'HIVER.

De sa proue en triton sculptée
Le navire entr'ouvre dans l'eau
Un sillon d'écume argentée.
— Nous avons le vent et le flot.

Les falaises diminuées
Disparaissent dans le brouillard;
On ne voit plus que les nuées
Et l'Océan de toute part.
Isolé sur la mer immense,
Plus d'un qui s'embarqua joyeux
Sent la tristesse qui commence
A mettre de l'eau dans ses yeux.

La vieille Europe, notre mère,
A trop d'enfants pour les nourrir,
Et c'est aux champs d'une étrangère
Que notre moisson va mûrir.

— On nous a dit qu'au nouveau monde
Nous trouverons dans les déserts
Une terre jeune et féconde
Dont les flancs à tous sont ouverts.

Aux ouvriers de la patrie
Le labeur refuse le pain :
Car le progrès de l'industrie
Fait chômer l'outil dans sa main.
Dans l'atelier ou dans l'usine
Quand il vient pour offrir ses bras,
On montre à l'homme une machine
Qui travaille et ne mange pas.

Comme l'oiseau qui se rassemble
Par triangles ailés dans l'air,
Dès que son frileux duvet tremble
Au premier frisson de l'hiver,

Chaque jour par cent et par mille
Nous partons, la besace au dos,
Le baton en main, pour la ville
Où nous embarquent les vaisseaux.

Pèlerins que les astres mènent,
Tous les âges sont dans nos rangs,
Ceux qui s'en vont et ceux qui viennent,
Les aïeules et les enfants.
Dans nos campagnes dépeuplées
Il ne reste que les percius;
Les colombes sont envolées
De nos toits qui ne fument plus.

Non pas sans regret, mais sans plainte,
Aux volontés du ciel soumis,
Nous quittons cette terre sainte
Que l'on appelle le pays;

Nos femmes ont tissé la tente
Que doit habiter notre exil,
— Fragile abri, — maison errante!
Où Dieu nous arrêtera-t-il ?

Nous sommes la pauvre famille
Émigrant vers d'autres climats,
Nous n'emportons pour pacotille
Que notre courage et nos bras.

COURTISANE

La poussière de riz blafarde son cou maigre,
Et ses cheveux, tordus dans un chignon épais,
A l'âcre odeur du roux mélangent l'odeur aigre
Des parfums éventés qu'on achète au rabais.

Ses yeux, qu'ont fatigués les débauches hâtives,
Dans le creux de l'orbite éteignent leur regard,
Et semblent redouter les lumières trop vives,
Comme ceux d'un enfant malade ou d'un vieillard.

Dans l'alcool fraudé pour l'ivresse du vice,

Elle a déjà perdu le sexe de sa voix,

Et, comme Jean Hiroux parlant à la justice,

Le mot reste étranglé dans son gosier de bois.

Son haleine est fétide et vous souffle au visage

La putréfaction de ses poumons malsains.

Sa volupté cynique a l'aspect de la rage :

— On voit qu'elle a connu beaucoup de médecins.

Elle me raconta sa vie et sa misère,

Et comment sans amour elle avait un amant

Quand elle était petite, — et qu'elle devint mère

Comme à peine elle avait cessé d'être un enfant.

Elle ajouta, je crois, qu'elle n'était pas née

Pour ce métier honteux, et qu'elle eût préféré,

Maîtresse de pouvoir choisir sa destinée,

A vivre chastement près d'un homme honoré.

Mais ce refrain banal rarement apitoie,

Hormis l'adolescent qui ne peut croire au mal,

Et cherche encor l'amour dans la fille de joie,

Ignorant que la rouille a rongé le métal.

Je voulus à tout prix la renvoyer chez elle;

Elle me résista : ce fut mon châtiment,

Et, jusqu'au rayon bleu de l'aurore nouvelle,

J'ai dû subir l'ennui de cet accouplement.

LE TESTAMENT

Comme il allait mourir, et comme il le savait,
Pour se mettre en mesure, il fit à son chevet
    Mander un antique notaire,
Dont le vieux panonceau, du client respecté,
Sous la rouille du temps montrait avec fierté
    Cent ans d'honneur héréditaire.

« Mon cher maître, dit-il, je suis un moribond :
Comme un oiseau blessé qui fait son dernier bond,

Mon cœur ne palpite qu'à peine.
Je suis fini, fini; le ciel n'a pas voulu
Que je puisse m'asseoir parmi le groupe élu
　　Des gens qui verront *l'Africaine*.

« Mon médecin m'avait conseillé d'aller voir,
Sur les rives du Nil, se balancer le soir
　　La taille souple de l'almée,
Aux yeux d'un Anglais roux, triste et concupiscent,
Montrant pour cent sequins ce que l'on voit pour cent
　　Sous dans ma France bien-aimée.

« Mais je hais l'Orient, la mer et tout pays
Qui ne se trouve pas sur le plan de Paris,
　　Cette divine capitale
Où l'on peut à toute heure, à tout prix, en tout lieu,
Trouver l'occasion de chiffonner un peu
　　La tunique de la Morale.

« Peut-être aurais-je pu traîner jusqu'au printemps,.

Si j'avais voulu prendre encor de temps en temps

Quelque infection brevetée ;

Mais j'aime autant partir avant le carnaval :

Si je tardais, ma mort ferait manquer le bal

Où ma maîtresse est invitée.

« D'ailleurs, tous mes parents ont commandé leur deuil :

Les hommes au *Cyprès,* les femmes chez *Chevreuil ;*

Et, dans le passage du Caire,

On imprime trois cents billets de faire part

Que mes amis diront avoir trouvés trop tard

Dans la loge de leur portière.

« Un architecte habile a fourni le devis

D'un tombeau dessiné par mon frère, — un lavis

D'encre de Chine, — une aquarelle.

Et d'ici vous pouvez entendre le marteau

Du funèbre tailleur qui me cloue un manteau
Dont la mode reste éternelle.

« Pareils à des fourmis dont on pille les œufs,
Tous mes collatéraux se meuvent, et l'un d'eux
A découvert un biographe
Qui, pour une pistole ou deux, consentira
A m'appeler crétin, poëte, — ou scélérat,
Et, pour trois, mettra l'orthographe.

« Donc, cher maître, aujourd'hui me trouvant sain d'esprit,
Par un bon testament, de ma main propre écrit,
Et scellé de mes armoiries,
Biens de ville et des champs, et biens paraphernaux,
Mobilier, objets d'art, bijoux et capitaux.
Mon chenil et mes écuries,

« Mes livres et ma cave, et jusqu'à mon portrait
Peint par celui qui fut le Raphaël du laid,

Tout, — hors les cheveux de ma mère,
Je lègue sans retour ma fortune et mon bien
A celle dont le nom aux lèvres me revient
  Comme un miel fait de plante amère.

« Vous la reconnaîtrez à ses cheveux ardents,
Comme un soleil du soir qui se couche dedans
  La pourpre et l'or d'un ciel d'orage.
Peut-être en la voyant vous découvrirez-vous ;
J'ai devant sa beauté vu plier des genoux
  Qui ne prodiguaient pas l'hommage.

« Vous lui direz ma mort, et que c'est samedi
Qu'on doit me mettre en terre, onze heures pour midi ;
  Mais, si dans sa claire prunelle
Une larme tremblait, rien qu'une seulement,
Vous pouvez déchirer en deux le testament ;
  Alors ce ne serait pas elle.

« Telle est ma volonté, dont l'exécution,
Cher maître, se confie à la discrétion
    De votre zélé ministère.
— Monsieur, dit un valet qui portait un plumeau,
Un monsieur du clergé vient avec son bedeau.
    — Réponds-lui que j'ai lu Voltaire. »

LA BALLADE DU DÉSESPERÉ

Qui frappe à ma porte à cette heure?
— Ouvre, c'est moi. — Quel est ton nom?
On n'entre pas dans ma demeure,
A minuit, ainsi sans façon !

Ouvre. — Ton nom? — La neige tombe;
Ouvre. — Ton nom? — Vite, ouvre-moi.
— Quel est ton nom? — Ah! dans sa tombe
Un cadavre n'a pas plus froid.

J'ai marché toute la journée
De l'ouest à l'est, du sud au nord.
A l'angle de ta cheminée
Laisse-moi m'asseoir. — Pas encor.

Quel est ton nom ? — Je suis la gloire,
Je mène à l'immortalité.
— Passe, fantôme dérisoire !
— Donne-moi l'hospitalité.

Je suis l'amour et la jeunesse,
Ces deux belles moitiés de Dieu.
— Passe ton chemin ! ma maîtresse
Depuis longtemps m'a dit adieu.

— Je suis l'art et la poésie,
On me proscrit ; vite, ouvre. — Non !

Je ne sais plus chanter ma mie,
Je ne sais même plus son nom.

— Ouvre-moi, je suis la richesse,
Et j'ai de l'or, de l'or toujours;
Je puis te rendre ta maîtresse.
— Peux-tu me rendre nos amours?

— Ouvre-moi, je suis la puissance.
J'ai la pourpre. — Vœux superflus !
Peux-tu me rendre l'existence
De ceux qui ne reviendront plus?

— Si tu ne veux ouvrir ta porte
Qu'au voyageur qui dit son nom,
Je suis la Mort! ouvre; j'apporte
Pour tous les maux la guérison.

Tu peux entendre à ma ceinture
Sonner les clefs des noirs caveaux;
J'abriterai ta sépulture
De l'insulte des animaux.

— Entre chez moi, maigre étrangère,
Et pardonne à ma pauvreté.
C'est le foyer de la misère
Qui t'offre l'hospitalité.

Entre, je suis las de la vie,
Qui pour moi n'a plus d'avenir;
J'avais depuis longtemps l'envie,
Non le courage de mourir.

Entre sous mon toit, bois et mange,
Dors, et, quand tu t'éveilleras,

Pour payer ton écot, cher ange,
Dans tes bras tu m'emporteras.

Je t'attendais, je veux te suivre,
Où tu m'emmèneras — j'irai ;
Mais laisse mon pauvre chien vivre
Pour que je puisse être pleuré.

BALLADES

A ARSÈNE HOUSSAYE

Mon cher Arsène,

Faites-moi le plaisir d'accepter la dédicace de ces petites pages. Quelques-unes ont à vous remercier de l'accueil que vous avez bien voulu leur faire quand vous dirigiez le recueil hospitalier de L'ARTISTE. C'est de vous que m'est venu le premier encouragement, et, bien que vos bonnes paroles soient vieilles de quinze ans, le souvenir m'en est resté jeune.

Votre bien dévoué

HENRY MURGER.

BALLADES

I

LES AMOURS D'UN GRILLON
ET D'UNE ÉTINCELLE

Dans un champ de blé du pays d'Allemagne, un scarabée d'Italie et un grillon vivaient unis d'amitié. Le scarabée, qui avait vécu, possédait cette seconde vue qu'on appelle l'expérience, et qui, au premier coup d'œil, permet de voir clairement le fond des choses, — c'est-à-dire la vase sous l'eau limpide, — la réalité sous l'illusion. L'Italien était, en outre, un hardi coureur d'aventures galantes, et peu de jours se passaient où il n'eût à enregistrer quelque conquête nouvelle. Quant à la circonstance qui avait causé son exil, voici à peu près comme il la racontait à son ami le grillon dans les premiers temps de leur liaison :

« Une nuit que j'étais en bonne fortune avec une des plus charmantes fleurs du jardin, je me réveillai surpris par la bruyante harmonie et la chaude atmosphère d'un bal, et, jugez de mon étonnement, je me trouvai au milieu d'un bouquet qui parait le sein d'une jeune femme. Voici ce qui était arrivé : l'amant de la belle était descendu cueillir ce bouquet au jardin, et, parmi les fleurs qu'il avait choisies, se trouvait précisément celle dont j'étais, cette nuit-là, l'heureux préféré. Tremblant d'être tombé aux mains de quelque amateur d'entomologie, je m'étais caché au milieu de ma prison fleurie. Mes craintes étaient mal fondées, et le jeune homme ne pensait pas le moins du monde à ce qui causait ma frayeur. En offrant le bouquet à sa belle, il avait caché parmi les fleurs un papier au-

quel je flairai tout d'abord une amoureuse odeur.
Comme je m'ennuyais beaucoup, j'en pris lecture. Je
ne m'étais pas trompé, c'était un sonnet.

— Qu'est-ce qu'un sonnet? avait demandé le grillon.

— Un sonnet, c'est une fleur de poésie qui n'éclot
bien qu'au soleil de mon pays, lui répondit l'Italien.
Chez vous, on fait des ballades où il y a des pendus
et des morts qui courent le galop; — c'est peut-être
l'influence de la lune. — Les vers me parurent assez
galamment tournés, et commençaient par une réminiscence de Pétrarque, ce qui n'était pas maladroit;
mais, en revanche, le dernier tercet était d'une allure
moins platonique et proposait un enlèvement. Ce sonnet, que j'eus le temps d'apprendre par cœur, a souvent aidé au succès de mes entreprises amoureuses,
et j'espère qu'il me servira encore. Dès que la jeune
femme en eut pris lecture, elle fit un signe au jeune
homme, et tous deux s'échappèrent du bal. Trois
heures après, les deux amants couraient la poste sur
la route d'Allemagne. Par une fantaisie sentimentale,

ils avaient emporté avec eux ce bouquet, qui devait leur rappeler leur patrie. Mais, comme, en arrivant dans la vôtre, il était déjà fané, ils l'abandonnèrent au milieu de ce champ — où je vous ai rencontré, » avait ajouté le scarabée en terminant son récit.

Le grillon était l'antithèse vivante de son compagnon. Poëte comme la plupart des grillons, il vivait comme les poëtes, plutôt dans le monde imaginaire que dans le monde des choses. Il était resté orphelin presque en venant au monde : car, à deux jours de distance, son père avait été écrasé sous les pieds d'une petite fille qui cueillait des bluets, et sa mère avait été emportée par une hirondelle qui cherchait pâture pour ses petits. Le souvenir de ce double événement changea en tristesse la mélancolie native dans l'âme du grillon, et il passait presque toutes ses journées au fond de son trou. A l'heure brûlante de midi, quand ses frères des sillons emplissaient l'air de leurs cris métalliques, il ne se mêlait point parmi eux et restait dans sa solitude, où il rêvait. Le soir, quand recommençait la symphonie nocturne, où les rainettes du marais voisin faisaient aussi leur partie, il demeurait à l'écart, et il rêvait toujours. Seulement, le matin, il sortait tout doucement pour ne point réveiller son ami, quand celui-ci n'était pas en bonne fortune, et il allait se percher sur la pointe d'un épi qu'il avait adopté pour son observatoire. Là, il passait des heures à regarder dans le ciel.

Quant au scarabée, qui était un vert galant dans son espèce, il abusait de ses avantages personnels et surtout de son fameux sonnet, qui lui servait de guitare pour donner des sérénades à ses amantes; — quelquefois, pourtant, il avait à se plaindre de leurs rigueurs.

« Ce n'est pas ici comme dans mon pays, disait-il au grillon : — avec vos fleurs allemandes, il me faut au moins deux séances pour arriver à baiser seulement le bout de leurs pétales. En Italie, au premier vers de mon sonnet, la moindre fleurette me jetait une échelle tressée de fils de la Vierge pour que je pusse atteindre son calice et lui parler plus près de mon amour. — Chez vous, l'amour est un perpétuel andante ; — chez nous, c'est un allégro vivace. »

Un jour, l'Italien plaisantait son ami sur sa mélancolie obstinée :

« Gageons que vous êtes triste à cause des cruautés de votre amoureuse, lui dit-il.

— Je suis trop jeune pour connaître l'amour, et je suis trop noir pour avoir une amoureuse, » avait répondu le poëte en étouffant un soupir.

Cependant le scarabée ne tarda point à s'apercevoir des sorties matinales de son compagnon, et en revint à son idée qu'il y avait quelque amourette sous l'herbe.

« Il faut que je m'en assure, se dit-il un jour. Je m'arrangerai de façon à lui épargner ma rivalité, qui ne laisserait pas d'être dangereuse. »

Et, en faisant cette réflexion, l'Italien se mirait dans une large goutte d'eau, et comparait son riche corsage azuré aux ailes noires et aux humbles allures de son compagnon.

Un matin, il suivit le grillon, qui se rendait, comme à l'ordinaire, à son observatoire. Le scarabée se cacha sous une touffe d'herbe, et observa son ami, qui, penché sur la cime de l'épi, semblait plongé dans une attente extatique, et regardait dans le ciel un nuage allant de l'est à l'ouest. Tout à coup, le nuage étant passé, *Stella matutina,* qu'il avait cachée jusque-là, montra son visage d'or. A cette apparition, le grillon tressaillit sur son épi, et commença à chanter d'une voix claire. — Voici ce qu'il chantait :

« Qui donc es-tu, blanche étoile? — Peut-être une fleur éclose dans les jardins du paradis, et les vierges viennent te cueillir avant que le soleil t'ait fanée. Si ton parfum n'arrive pas jusqu'à nous, c'est qu'il y a trop loin du ciel à la terre, — hélas! oui, trop loin de toi à moi!

« Qui donc es-tu, blanche étoile? — Le nuage aux ailes roses qui te cachait tout à l'heure, et qui semblait un séraphin en voyage dans l'azur, t'a laissée derrière son vol. Serais-tu un diamant tombé sur la route céleste, de la tunique du voyageur divin? — Comme tu es brillante, et comme je suis noir! — Oh! qu'il y a loin de toi à moi!

« Qui donc es-tu, blanche étoile? — Serais-tu la perle de rosée qui tremble dans le beau lis de Gabriel? Toi qui brilles seulement le matin et qu'on ne revoit plus le soir, serais-tu ce que l'on appelle l'espérance? Es-tu le sourire de Dieu qui vient bénir la création à son réveil? Peut-être es-tu la poésie, et toutes les harmonies matinales ne sont que l'écho affaibli de ta voix, car ton chant est trop haut pour que nous puissions l'entendre, et il y a loin de toi à moi.

« Ah! qui que tu sois, blanche étoile, je t'aime! Avant de te voir au ciel, je t'avais déjà vue dans mon âme; tu étais la clarté de ma solitude, et, quand mes yeux t'ont rencontrée, j'ai dit tout bas : Est-ce donc mon rêve qui s'est envolé de mon cœur pour aller briller là-haut? — Oh! quoiqu'il y ait bien loin de toi à moi, blanche étoile, je t'aime! »

Comme il achevait, l'étoile s'effaça dans la lumière

du soleil, et l'alouette, s'élevant à sa rencontre, lui jetait aussi la fanfare du salut.

« Hélas! murmura le scarabée, stupéfait de ce qu'il venait de voir et d'entendre, mon malheureux ami est poëte, — et poëte allemand, les pires de tous pour l'exagération de la folie, — amoureux d'une étoile!

« Vous avez manqué de confiance en moi, dit-il au grillon assez fâché de se voir surpris : c'est mal. Si vous m'aviez parlé de cet amour-là dès sa naissance, j'aurais tâché de vous en guérir. Contez-moi donc un peu comment cette belle passion vous est venue en tête, — ou au cœur, si vous voulez, dit le scarabée en exprimant la pensée que peignait un geste de son ami. Qu'espérez-vous enfin?

— Je n'espère rien ; j'aime.

— Allons donc! dit l'autre; quand on aime, on espère toujours, si peu que ce soit. Et ce qu'il y a de plus triste dans votre amour, c'est que la plus petite espérance est une grande folie. Voyons, parlons un peu raison. Vous êtes poëte, comme tous les grillons, qui le sont plus ou moins. Votre idylle à l'étoile me porte à croire que vous êtes de ceux qui le sont le plus, et c'est tant pis. Vous faites de la poésie de sentiment : chacun est de son pays. Moi, je fais des sonnets, continua l'orateur, qui avait fini par se convaincre qu'il était l'auteur de celui dont il parlait. Depuis que je vis avec vous, je vous connais assez pour savoir que votre amour ressemblera à votre poésie : vous ferez de l'amour d'*âme ;* vous vous en tiendrez aux soupirs et aux larmes ; chacun son goût. Mais au moins choisissez donc une idole qui vous entende et vous réponde. Il y a par ici de tendres verveines et de virginales pervenches qui ne demandent pas mieux que de filer le parfait amour, et qui répondront : Hélas ! à vos hélas ! Faites de la poésie pour elles ; elle vous rapportera ce que vous en attendez. — Quel qu'il soit, l'amour est toujours un duo : il faut être deux pour le chanter. — Donc, votre amour à vous ne sera jamais de l'amour, car l'étoile ne répondra ni à vos pleurs ni à vos sourires.

— Mais si, dit le grillon. D'abord ma poésie n'est pas perdue ; la brise prend mes vers sur ses ailes et les porte à mon étoile, qui demeure immobile pour m'écouter chanter. Lorsque je suis triste, il me semble que son regard est humide de larmes pareilles aux miennes, et j'ai cru la voir sourire hier dans un scintillement lumineux.

— Vous avez cru, — il vous semble ; — tout cela ne prouve rien, sinon que vous êtes fou, comme je vous le disais tout à l'heure. Je sais bien qu'on ne raisonne pas l'amour et qu'on le déraisonne, au contraire. Mais enfin vous allez trop loin aussi.

« Il faut pourtant que je le guérisse de cette folie-là, » ajouta le scarabée.

Puis il reprit :

« Est-ce que c'est là votre première passion ?

— Oui et non, répondit l'autre. Autrefois, j'ai été amoureux de la vague du ruisseau. C'est elle qui m'a appris à chanter ; et, la nuit, au clair de la lune, nous avions de bien tendres dialogues.

— Et comment cet amour-là vous est-il passé?

— Je me suis aperçu que cette vague, qui chantait si doucement, caressait une rive fangeuse, et cela m'a dégoûté.

— Amoureux d'une vague! voilà encore une idée, pensa l'Italien. Il n'aimera donc jamais que l'impossible! Du moins, il paraît avoir des dispositions à la jalousie : attaquons un peu cette corde-là.

« Vous prétendez, dit-il au grillon, que Stella écoute les chansons : qui vous dit que ce sont les vôtres? Vous croyez la voir sourire et pleurer : qui prouve que ce soit à vous? Il y a par ici un poëte, c'est-à-dire un fou de votre espèce, qui est aussi amoureux de l'étoile.

— Qui donc? demanda le grillon inquiet.

— C'est le rossignol. Pendant que vous chantiez tout à l'heure, il chantait aussi, et, sans prétendre rabaisser la vôtre, sa romance était bien jolie. De plus, il a des ailes, et peut se rapprocher de Stella.

— Je connais le rossignol dont vous parlez. Il a certainement plus de talent que moi, dit le poëte des champs. Mais, comme il est en grande réputation dans ce pays-ci, l'amour de la gloire a tué l'autre chez lui. Il ne chante pas pour Stella ; il chante pour s'entendre et pour faire répéter ses vers par les échos. Ce n'est qu'un orgueilleux et un égoïste. — Stella ne l'aime pas.

— Pourquoi donc?

— Parce que je l'aime, moi!

— Et vous croyez qu'elle vous aime aussi? et vous espérez qu'elle descendra de là-haut pour vous le dire, ou bien que vous y monterez vous-même?

— C'est inutile. Quand je veux la voir de plus près, je retourne à mon trou et je ferme les yeux : alors je la vois parfaitement. Mais à quoi bon vous dire tout cela? Vous ne me comprenez pas ; — vous n'avez jamais été amoureux, vous.

— Jamais amoureux! dit le scarabée en se récriant. Qu'est-ce que vous dites donc là? Je ne fais que ça depuis que je suis au monde. Si, mon enfant, je l'ai été, et je puis vous comprendre. Mon premier amour avait même quelque ressemblance avec le vôtre. Je vais vous conter ça; c'est fort triste.

« Il y avait dans le jardin où je suis né, à Rome, une jeune rose qui était la reine du parterre, et, pour ne pas dire la seule, la plus courtisée de toutes ses compagnes. Les papillons les plus beaux l'entouraient assidûment de leurs hommages et se voyaient repoussés avec un dédain désespérant. Le *papillon Paon* lui-même, ce roi du crépuscule, si fier de ses riches couleurs, qui le font ressembler à une fleur ailée, n'avait pas été plus favorisé que les autres. Eh bien, je devins amoureux de la rose! je l'aimai autant que vous aimez votre étoile; seulement, j'avais conscience de ma folie, bien qu'elle fût moins grande que la vôtre: car, du moins, je pouvais approcher de mon idole. Hélas! me disais-je pourtant, où une telle passion va-t-elle me conduire? Comment serai-je jamais écouté de cette beauté sauvage, qui semble avoir fait vœu de virginité, et n'aime rien au monde que la rosée du matin, parce qu'elle lui donne une couronne de perles? Dans les instants lucides où je faisais ces réflexions, je voulais éteindre mon amour et oublier celle qui l'avait inspiré; mais, l'heure suivante, c'était cette résolution même que j'avais oubliée, et je me réveillais, plus ardemment épris que jamais. D'ailleurs, j'étais dans cet âge où les doutes sont toujours vaincus par les espérances, âge où les obstacles, en se multipliant, multiplient les désirs, irritent leur violence, et leur donnent les ailes de l'audace, avec lesquelles on franchit l'impossible. Parmi toutes les saintes niaiseries du premier amour, vous saurez qu'on a celle de vouloir se tuer, si l'on n'est pas aimé. J'étais donc bien résolu à faire comme tous les amoureux débutants, si j'étais repoussé; mais, du moins, je voulus faire une tentative. Un soir, je fis bonne provision de courage et m'acheminai vers mon idole fleurie. En marchant, je ruminais tout bas ma déclaration. « Ferai-je du madrigal ou de l'élégie? » disais-je. Enfin je me confiai à tout l'esprit de mon cœur quand le moment serait venu, et je ne tardai pas à arriver près de ma chère maîtresse. Hélas! quel triste spectacle m'attendait! Je la trouvai penchée sur le sol, pâle, flétrie, mourante.

« — Grand Dieu! lui dis-je doucement, qu'avez-vous? et comment vous trouvez-vous dans cet état?

« — Hélas! me répondit-elle faiblement, je n'ai point reçu la rosée ce matin. Voilà pourquoi je meurs. J'avais repoussé l'amour du sylphe qui nous apporte les gouttes d'eau de l'aurore. Il m'a tuée en m'oubliant.

« — N'y a-t-il donc plus d'espoir? m'écriai-je douloureusement.

« Soudain j'aperçus au rayon de la lune quelque chose de luisant comme un diamant, suspendu à une branche du rosier. J'y grimpai à la hâte, non sans me blesser aux épines. O sainte Providence! ce que j'avais pris pour un diamant n'était autre chose qu'une feuille de l'arbuste repliée sur ses bords, et formant une coupe où tremblaient les perles de l'eau la plus claire.

« — Espérance ! dis-je à ma chère fleur ; vous allez renaître.

« Mais, comme je m'apprêtais à secouer sur elle la bienfaisante rosée, le sylphe du soir détacha la feuille d'un coup d'aile, et la fit tomber d'un autre côté.

« — Il faut qu'elle meure ! — avait dit le zéphyr du soir quand je criais : « Espérance ! »

« Repoussé par la rose comme le sylphe du matin, il s'était associé à sa vengeance. Je redescendis près de ma maîtresse.

« — Hélas ! dit-elle, il faut que mon sort s'accomplisse. Ceux qui disaient m'aimer hier sont les mêmes qui me tuent aujourd'hui. Il n'y a plus d'espoir ; voyez, la séve ne circule plus dans ma tige. Une tache de rouille s'étend sur mes feuilles, et voici le zéphyr qui se fait aquilon pour les arracher. Il les prend une à une, et va les semer là-bas, dans la fange des marais. Oh ! ce n'est pas une telle mort que j'avais rêvée ! Pourquoi la jeune fille qui vient ici souvent ne m'a-t-elle pas cueillie ! Je serais morte sur son sein en mêlant ma virginité à la sienne. Peut-être, avec sou premier aveu, m'aurait-elle donnée au jeune homme qui vient l'attendre ici le soir; lui m'aurait effeuillée entre les pages de quelque beau poëme; et, chaque fois qu'il en eût ouvert les feuillets, mon parfum, enseveli avec moi, aurait rappelé au jeune amant le poëme plus beau de ses amours, et en aurait embaumé le souvenir.

« Cependant la voix de la mourante devint plus faible; le zéphyr arracha sa dernière feuille. Le moment suprême approchait. Son cœur s'ouvrit, et je sentis son dernier parfum, c'est-à-dire son âme, près de s'envoler.

« — Oh! me dit-elle si bas, que je l'entendis à peine, si j'avais vécu, je t'aurais peut-être aimé, toi!

« Puis elle mourut.

« En entendant un pareil aveu, et dans un tel moment, mon cœur se brisa.

« — Oh! tant mieux, dis-je, je vais mourir aussi!

« Et pendant un instant je demeurai insensible. La

violence de ma douleur m'avait causé une espèce d'engourdissement léthargique qui n'était pas sans volupté. Je crus que mes vœux étaient exaucés, et que la mort m'avait touché en même temps que ma maîtresse. Hélas! je ne tardai point à me réveiller et à revenir à la raison.

« — Allons, me dis-je, cette fois je vais m'endormir pour de bon et je ne me réveillerai pas.

« Mon parti était pris sincèrement et sérieusement, je vous l'assure. J'avais juré de ne pas survivre à celle dont j'avais recueilli l'unique baiser qu'elle eût donné et reçu, et j'allais accomplir ma promesse. Mon dessein était d'aller chercher querelle à un scorpion, qui, d'un coup de dard, m'aurait guéri de la vie. Comme je me dirigeais vers l'endroit où j'étais sûr de le trouver, je m'entendis appeler par une tubéreuse blanche qui était éveillée et faisait la guette d'amour.

« — Si tard en route! me dit-elle. Venez donc causer un moment.

« Je ne fis pas semblant de l'entendre et poursuivis

mon chemin. C'est alors qu'il me revint en mémoire certains bruits qui couraient sur cette fleur. Elle passait pour une effrontée courtisane, offrant son amour à tout venant. Mais malheur à qui l'écoutait! la violence de son parfum endormait ses amants sur son cœur, et pas un ne se réveillait.

« — Voilà mon suicide trouvé, dis-je, et je n'ai pas besoin d'aller plus loin.

« Je revins donc sur mes pas, et m'approchai de la galante nocturne.

« — Ah! tu t'es ravisé, me dit-elle en m'apercevant.

« Et, sans faire plus de façons, elle m'ouvrit son calice et le referma sur moi.

« — Maintenant, adieu le monde, pensai-je : demain, je serai mort.

« Pourtant je ne mourus pas. Au bout d'une heure, et comme le *parfum-poison* de la fleur commençait à agir, elle ouvrit son calice dans un spasme voluptueux, et je tombai à terre, suffoqué, étourdi, demi-mourant. J'aspirai une bouffée d'air, je bus une goutte d'eau restée sur une violette de Parme : je regardai le ciel plein d'étoiles, l'herbe pleine de fleurs, et, un peu revenu à moi, je me demandai comment j'avais pu songer à quitter la vie, où il y a de si bonnes choses. Et puis, il faut que je vous dise tout, la tubéreuse m'avait appris dans ses chaudes étreintes que l'amour ne consiste pas seulement dans une adoration contemplative, et qu'il y a d'autres jouissances que celles qu'on croit éprouver en mouillant de ses larmes les pieds de sa maîtresse.

— Que vous avait donc appris la tubéreuse? demanda le grillon.

— Elle m'avait appris le plaisir, et, voyez-vous, c'est bien quelque chose aussi. »

Cette révélation de l'amour matériel choqua le grillon, spiritualiste comme un honnête Allemand qu'il était.

« Cela n'empêche pas que je me serais tué, moi, dit-il au scarabée.

— Je le crois, et plutôt trois fois qu'une, ou vous

ne seriez pas de votre pays. Vous êtes né au clair de lune, et moi au plein soleil. Voilà toute la différence; mais elle est énorme pour l'influence qu'elle exerce sur les tempéraments. D'ailleurs, mon amour n'était pas mort avec ma maîtresse, et je fis cette réflexion que, si j'aimais les roses, il y en avait encore dans le jardin.

— Eh bien, reprit le poëte, tout ce que vous me dites là prouve que votre amour ne ressemble pas au mien, et que vous ne m'avez pas compris...

— J'ai parfaitement compris, mon enfant... Comme tous les malades de poésie, vous avez la fièvre de l'impossible. Ça peut vous mener loin, jusqu'à la porte du suicide peut-être. Mais j'espère que vous reviendrez sur vos pas. Puis, un beau soir que vous vous serez grisé avec votre poésie, vous rencontrerez en chemin une tubéreuse quelconque qui vous apprendra ce que vous ignorez. Vous ferez comme j'ai fait, vous irez de tubéreuse en jonquille, de jonquille en tulipe, et ainsi de suite. Alors vous serez guéri, vous chanterez *cri cri* comme tous les grillons, et vous ne ferez plus d'élégies ; ce que je vous souhaite de tout mon cœur. Voilà votre horoscope.

— Je crois que vous vous trompez, répondit le poëte.

— Alors tant pis pour vous ! et allons nous coucher, » dit le scarabée.

Peu de temps après, le grillon tomba dans une grande tristesse. Depuis huit jours, il n'avait pas revu Stella. C'est que tout était bien changé. L'azur du ciel s'était effacé derrière de grands nuages, pareils à des rideaux noirs, et le soleil avait peine à les ouvrir chaque matin pour montrer son visage pâle à la terre. Les buis étaient jaunis, les buissons n'avaient plus que des épines, la prairie s'agitait sous de perpétuels frissons, car l'aquilon avait remplacé la brise, et les hirondelles au frileux duvet s'en allaient en Orient. Un jour, le grillon trouva son épi brisé, et vit le dernier sourire du soleil qui s'en allait comme les hirondelles. Depuis longtemps, le rossignol ne chantait plus ; les papillons étaient disparus avec les fleurs, et les feuilles s'envolaient des arbres.

Cependant le grillon ne manquait pas d'aller voir tous les matins si Stella ne se montrerait pas à son balcon céleste, et toujours il attendait en vain, et revenait plus triste.

Une nuit qu'il était dans son trou, il entendit un grand bruit au dehors; les ouragans fouettaient les roseaux à coups d'aile, et les branches des arbres s'agitaient en criant : « C'est l'hiver! c'est l'hiver! » Le lendemain, comme il s'apprêtait à sortir, le poëte vit la plaine toute blanche. — C'était la neige.

« Hélas! mon cher enfant, lui dit le scarabée, c'est fini, voici l'hiver; tout meurt, et nous allons mourir aussi; moi, du moins, car je sens mon heure approcher. Vous qui êtes habitué au climat froid de votre pays, vous pourrez vivre encore; mais il faut quitter ce champ et joindre au plus vite la petite chaumière qui est au bout; on vous donnera asile dans l'âtre, et vous pourrez attendre le beau temps. Peut-être votre étoile reviendra-t-elle à cette époque; mais j'espère que, d'ici là, vous aurez oublié ce fol et impossible amour. — Allez donc, et n'attendez pas qu'il fasse plus mauvais.

— Ne viendrez-vous pas avec moi? demanda le grillon.

— Non, cela est impossible. Je suis vieux, voyez-vous, et les fleurs mes maîtresses commençaient à s'en apercevoir, ajouta le scarabée avec mélancolie : pourtant je leur ai survécu. Si nous étions en Italie, nous n'aurions pas l'hiver à craindre; là, on ne le connaît que de nom, et l'on ne voit la neige que de loin. Mais enfin je ne me plains pas de mon sort : si j'ai eu mes heures noires comme tout le monde, j'ai eu mes minutes de soleil, et leur souvenir illuminera l'obscurité de mon trou. Maintenant, disons-nous adieu.»

Le grillon pleurait, car il était fort attaché à son ami, bien qu'ils ne fussent pas toujours d'accord sur certaines questions; mais l'espérance qu'il avait conçue de revoir son étoile au printemps le décida, et, après avoir embrassé son compagnon, il se mit en

route pour la petite chaumière, où il arriva le soir.
Le pauvre homme à qui elle appartenait, l'ayant vu
entrer, dit :

« Voici le bonheur de la maison qui arrive, il faut
faire du feu. »

Alors il jeta dans l'âtre une poignée de bois vert
qui fit plus de fumée que de flamme.

Quand il eut choisi son nid dans une des crevasses
de la cheminée, le poëte des champs s'en fut visiter
l'étroit espace dans lequel il allait vivre désormais.
L'aspect de son noir domaine n'était point propre à
le distraire de sa tristesse : aussi regretta-t-il d'abord
d'avoir quitté la plaine au blanc manteau de neige
pour cette prison aux murs tapissés de suie et pleins
d'une épaisse fumée.

« Hélas! que vais-je devenir? se disait-il en rentrant dans son trou, et comment pourrai-je attendre
le printemps dans cette obscure solitude? »

Alors il fit comme tous les gens qui, n'ayant rien de
bon à voir dans le présent, se réfugient dans leur passé,

s'il a été un peu meilleur, et fermcnt les yeux aux objets extérieurs, afin de mieux voir en eux-mêmes. Il passa tous ses jours en revue : les premiers lui apparurent en deuil, et lui rappelèrent comment il était entré dans le monde, orphelin et pleurant déjà, — comme tous ceux qui arrivent au seuil de la vie. — Il se rappela son enfance sur cette terre allemande, où la mélancolie semble native dans les choses et dans les êtres. Il revit son ciel gris, où le soleil aventurait quelquefois un de ses plus pâles rayons. Il entendit les duos nocturnes de la brise et de la vague du ruisseau, harmonies qui avaient éveillé celles qu'il avait dans l'âme. Il se ressouvint de ses premières poésies, trouvées toutes faites dans ses premières rêveries qu'il jetait dans l'air, sans savoir où elles iraient. Il songea à sa rencontre avec le scarabée, philosophe de l'herbe, épicurien aimable aimant le plaisir, et ayant avant tout l'amour du vrai. Il se rappela la logique aiguë de son ami, qui s'était tant de fois émoussée sur l'or de ses rêves. Puis, tout à coup, dans le mélancolique miroir de ses souvenirs, vint se réfléchir *Stella matutina,* avec ses clartés humides ou souriantes. Alors le pauvre poëte s'abîma dans une contemplation obstinée. Il s'isola dans cette pensée unique autour de laquelle vint se grouper l'essaim de ses espérances,— et il fut heureux. Il oubliait la tristesse de son pauvre foyer, presque toujours éteint, et l'obscurité de sa cellule. Le fond noir de l'âtre n'était plus noir pour lui, car le souvenir de son amour en faisait une nappe d'azur que l'étoile illuminait de son rayon matinal ; et, comme autrefois sur son épi, le grillon demeurait des jours entiers juché sur la tête d'un chenet, et chantant de sa voix claire la petite chanson qu'il avait composée pour sa maîtresse.

Cependant le brave homme qui habitait la chaumière trouvait qu'il avait donné asile à un hôte bien triste, et eût préféré le sonore *cri cri* des grillons ordinaires aux plaintives élégies du poëte amoureux.

Le soir du 24 décembre, il invita deux de ses voisins à faire avec lui la fête du réveillon, et, à cette occasion, il alluma dans son foyer la bûche de Noël; une belle bûche de chêne, cuirassée d'une écorce bien sèche, qui ne tarda pas à chanter et à faire une belle flamme. Réchauffé par cette chaleur inaccoutumée, le grillon, qui dormait dans son trou et rêvait à sa maîtresse, comme s'il eût été éveillé, s'approcha sur le bord du chenet pour remercier son hôte, qui le mettait à si belle fête; mais, en ce moment, un voisin tracassait la bûche du foyer, qui pétilla et fit jaillir une étincelle.

« Ah! mon Dieu! dit le grillon, voilà mon étoile qui est revenue. »

Mais déjà la paillette de feu s'était envolée; une autre lui succéda, qui s'envola de même et s'éteignit aussi; puis une troisième, puis mille autres, que le poëte avait à peine le temps de voir. Il s'imagina qu'il était mal réveillé et continuait son rêve; mais une nouvelle étincelle passa si près de lui en ce moment, lui éblouissant les yeux et le cœur, pour ainsi dire, qu'il ne put douter plus longtemps. Son rêve était devenu une réalité, et c'était bien sa maîtresse l'étoile qui était devant lui. Alors, pour essayer de l'arrêter un instant, le poëte tendit les cordes les plus tendres de sa poésie, et chanta un appel à cette chose ailée qui le fuyait toujours.

Toutes les strophes, en s'échappant de son cœur, semblaient secouer dans leur vol les larmes dans lesquelles elles avaient été trempées, — et l'étincelle fuyait toujours, fuyait, plus brillante et plus rapide.

Le chanteur prit tous ses rêves un à un, et les jeta dans son inspiration où l'esprit n'avait pas le temps de filtrer, et les strophes abondaient dans un désordre passionné, et semblaient poursuivre l'étincelle, qui fuyait, fuyait toujours.

Il fit parler toutes les espérances écloses dans sa solitude, et les vers se multipliaient, et l'étincelle fuyait, fuyait toujours.

Soudain, le poëte fut pris d'un de ces délires étranges qu'on n'a qu'une fois dans sa vie. Tous ces désirs mélancoliques, tous ces rêves, qui étaient le même avec des reflets différents, toutes ces pensées, enfin toutes ces choses sans nom qui vivent du cœur en le faisant vivre, et s'en échappent à la fois quand la passion le fait éclater; tout cela sortit de son cœur avec un grand bruit de sanglots, et le poëte, résumant son amour dans une dernière stance, lança cette suprême supplication.

Placé sur le chenet que l'ardeur du foyer rendait incandescent, et insensible à une douleur aiguë, il attendait le passage de l'étincelle.

« Hélas! va-t-elle encore fuir? » soupirait-il.

L'étincelle s'arrêta dans un angle de la cheminée.

« Elle s'arrête! s'écria le poëte, elle s'arrête! elle m'aime! »

Et, timide comme on l'est devant le bonheur, il s'approcha de sa chère maîtresse. L'étincelle luisait sur le fond noir de l'âtre comme un diamant dans un écrin d'ébène, et, se rappelant les scintillants sourires de *Stella matutina,* le grillon disait :

« C'est bien la même; voilà mon idole telle que je

l'ai vue, dans mes rêves d'abord, au ciel, où elle était si loin; et maintenant la voilà ici, près de moi! »

Alors il commença l'hymne du bonheur; le vent qui s'engouffrait dans la cheminée arrêtait les stances au vol, et les déchirait en lambeaux. Toujours fixée dans l'angle de l'âtre, il semblait que l'étincelle commençât à pâlir. Son amant, qui s'approchait d'elle lentement, chantait toujours, et effeuillait, au courant de sa poésie, toutes les espérances nouvelles qui débordaient de son âme en présence de cette idole si longtemps espérée.

L'étincelle pâlissait toujours. Un instant, aux accents passionnés de son amant, elle parut répondre par un éclat plus vif, et, comme il s'approchait toujours, sa clarté devint toujours plus claire. *Stella matutina* elle-même n'avait jamais eu de plus tendre regard sous sa prunelle d'or, quand elle écoutait les sérénades du grillon perché sur son épi. L'amant s'avançait encore, et regardait sa maîtresse, qui paraissait l'appeler avec un frissonnement de clarté extraordinaire. Il fit un dernier pas et se trouva si près d'elle, qu'il la toucha. Tout à coup, il se crut frappé d'aveuglement : — l'étincelle venait de s'éteindre.

Le grillon regarda à la place où elle était si brillante une seconde auparavant, — et il ne trouva plus qu'un grain de cendre.

« O mon amour ! » s'écria l'amant. « O mon rêve ! » s'écria le poëte.

Et il rentra dans son trou, où il demeura muet.

1854.

II

LA TOURNÉE DU DIABLE

Par le chemin qui mène au village, un voyageur marchait tout seul ; — c'était à l'heure où le soleil se couche.

Son visage était sinistre, — on eût dit la tête d'un décapité. — Sous d'épais sourcils hérissés, ses yeux luisaient, pareils à des flammes. Un affreux sourire raillait sur sa bouche. Étincelants comme des brins d'acier rougis à la fournaise, ses cheveux se tenaient droits sur son front.

Et les rides de son crâne ruisselaient d'une sue

infecte, dont les gouttes tachaient le sol, comme la morsure d'un acide.

Et la terre tremblait sous ses pas, — rendant des bruits étranges.

Sur son passage, les oiseaux se taisaient, et cachaient leurs petits sous leurs ailes.

Les arbres frissonnaient comme aux jours où le vent se met en colère.

Les fleurs qui bayent à la rosée retenaient leur parfum.

L'herbe où s'allongeait son ombre devenait rousse, comme si elle eût été brûlée par une pluie de charbons ardents.

Et, comme, en passant près de la fontaine, le voyageur y plongea le bout de son bâton, — l'eau bouillonna soudain.

Et l'on vit s'élever dans l'air un brouillard de fumée noire et puante.

Et l'onde demeura croupie comme la fange des marais.

Tout en marchant, le voyageur chantait une chanson sur un air inconnu.

Un air sinistre, qui aurait donné la peur aux plus braves.

Et cette chanson impie épouvanta les échos, qui n'osèrent point la répéter. La cloche, qui sonnait l'*Angelus,* devint muette tout à coup.

Ce qui fit jurer le sonneur, pendu à la corde.

Et il fut damné pour avoir blasphémé Dieu dans sa maison.

Et, comme le voyageur passait alors devant l'église, les saints personnages qui étaient peints sur les vitraux parurent avoir de l'effroi.

Le prêtre, agenouillé devant l'autel, oublia sa prière.

Tandis que le sacristain buvait le vin des burettes, et que le petit enfant de chœur volait le tronc des pauvres pour acheter des billes;

Et la servante du curé ouvrait sa porte au suisse, qui avait cinq pieds;

Et, dans la cuisine du presbytère — le chien fidèle, qui tournait la broche, mangea le rôti.

Ce qui fit mettre le curé en colère.

Et, après avoir traversé le village, — le voyageur s'arrêta à la porte, et fit entendre un rire aigu,

Qui rendit jalouses les chouettes prochaines,

Et il murmura :

— Mon maître sera content;

Car c'était un envoyé du diable,

Et il avait mission de semer le péché.

22 février 1848.

III

LES TROIS VOILES DE MARIE BERTHE

Le premier voile de Marie Berthe était d'un lin plus blanc que la neige, et tramé de fils aussi légers que ceux que dévident les fuseaux de la Vierge. Marie Berthe l'avait brodé de ses mains, et il était orné d'une guirlande en fleurs de soie si bien imitées, que les abeilles s'en approchaient.

Elle ne mit qu'une fois son voile blanc, — le jour où elle fit sa première communion.

Le second voile de Marie Berthe était de laine noire.

Elle l'avait commencé le jour où sa mère était morte et où elle était restée seule à la maison. Il était brodé de palmes sombres comme celles des arbres qui sont dans les cimetières, et Marie Berthe l'avait arrosé de toutes ses larmes.

Elle ne mit qu'une fois son voile noir, — le jour où elle devint la fiancée du saint Christ dans le couvent de l'Ave-Maria.

Le troisième voile de Marie Berthe était fait d'un morceau de l'azur céleste. Il était brodé d'étoiles, et il embaumait les odeurs du paradis.

Ce fut son ange gardien qui le lui donna le jour où elle s'en alla dans le ciel.

Avril 1844.

LES MESSAGES DE LA BRISE

« Douce brise du soir! disaient les oiseaux perchés au bord de leur nid, porte nos chansons à la jeune fille qui rêve là-bas, assise à son balcon ; dis-lui que c'est pour elle que nous faisons des concerts dans les arbres. — Oui, dit l'alouette, c'est moi qui l'éveille le matin. — Et c'est moi qui l'endors le soir, dit le rossignol.

— Douce brise du soir! disait la cloche, prends mon carillon sur tes ailes, et porte-le à la rêveuse qui regarde dans la plaine. Mes notes d'argent lui rappelleront la petite église et la chapelle de sa patronne, où elle apportait des guirlandes.

— Douce brise du soir! disaient les grillons cachés sous les blés, prends nos refrains sur tes ailes, et porte-les aussi à la jeune fille ; ils lui rappelleront les moissons mûres et les bluets qu'elle liait en couronne.

— Douce brise du soir! disait le jeune homme qui veillait, au clair de sa lampe, dans sa chambre solitaire, à celle qui rêve là-bas, assise au balcon, porte les paroles de mes lèvres et fais-les chanter à son oreille. Prends mes pensées et laisse-les tomber dans son âme. Prends mes baisers et mets-les sur son front quand tu caresseras ses cheveux. Prends sur tes ailes mon amour tout entier, ses larmes et ses sourires, ses craintes et ses espérances, et porte-le tout entier à la jeune fille qui rêve là-bas, assise à son balcon. »

Et la brise s'envola de son plus rapide essor, et fut accomplir ses messages.

« Brise du soir ! dit la jeune fille, va dire aux oiseaux qu'ils m'appellent, s'ils tombent aux mains de l'oiseleur ; j'irai les délivrer de la cage et du lacet, et je leur rendrai la liberté du ciel et leurs nids dans les bois.

« Dis à la clochette qui tinte que je ne l'ai pas oubliée ; ses *Angelus* me trouvent toujours à genoux devant une image de ma patronne, comme autrefois, quand je portais des guirlandes à sa chapelle.

« Dis aux grillons des plaines que je me souviens d'eux. Quand la neige couvrira les champs, je leur donnerai un nid dans mon foyer, et ils me rappelleront celui de ma famille, où les fileuses s'assemblaient durant les veillées d'hiver.

« Douce brise du soir ! au jeune homme qui veille là-bas, au clair de sa lampe, dans sa chambre solitaire, porte sur tes ailes cette écharpe que j'ai brodée de mes mains. Les fleurs dont elle est semée ont reçu la rosée de mes yeux, et mes lèvres lui ont souvent confié le secret de mon cœur.

« Douce brise du soir! prends mon amour sur tes ailes. »

Et la brise s'envola, chargée de ses nouveaux messages.

Mai 1844.

V

ROSE ET MARGUERITE

C'est le matin. le soleil sort de son alcôve étoilée ; la brise s'embaume et met ses ailes ; les sylphes vont emplir aux fontaines du ciel les urnes qu'ils doivent répandre sur les fleurs de la terre. Dans les jardins et dans les champs, toutes les fleurs attendent avec impatience, car la journée de la veille a été brûlante.

Un des sylphes est amoureux de la rose. Il fait sa besogne en hâte et vole à ses amours de tout l'essor de ses ailes. Il est si pressé, qu'il oublie de pencher son urne sur une petite marguerite des champs. Elle l'appelle, mais il ne l'entend pas. Il est déjà près de sa belle maîtresse, et lui verse goutte à goutte les larmes les plus claires de la rosée.

La pauvre fleur oubliée sent la mort glacer ses racines. Elle se penche sur sa tige et fait ses adieux à ses compagnes des sillons.

« Adieu, mes sœurs, — je vais mourir. Voici le soleil qui rougit les feuilles et allume la poussière des chemins.

« Bientôt je ne serai plus qu'un brin d'herbe sèche, et, ce soir, l'aile du tourbillon m'emportera.

« Plus heureuses que moi, vous avez bu la goutte d'eau de l'aurore; elle brille dans vos calices comme une perle dans un écrin. Voici que vous renaissez plus fraîches et plus parfumées. L'abeille sonore vous caresse comme elle me caressait hier quand je lui donnais du miel. Aujourd'hui, elle ne me reconnaît plus. Adieu, mes sœurs! je vais mourir; le sylphe m'a oubliée. »

Cependant le jour se passa, le soir vint; la cornemuse du pâtre rappela les troupeaux à la crèche. L'*Angelus* s'envola du clocher, l'étoile Vesper ouvrit sa prunelle d'or. Les grillons et les cigales commencèrent leur symphonie nocturne, et l'humble pâquerette n'était pas encore morte.

Alors arriva, par le chemin des blés, une jeune fille vêtue de blanc. Lorsque le vent gonflait son écharpe, elle semblait avoir des ailes et près de s'envoler. Elle marchait lentement, et se retournait quelquefois pour regarder derrière elle. Mais elle ne voyait pas venir ce qu'elle paraissait attendre.

Elle s'appelle Rose, et va avoir seize ans. Elle est sortie au sonner de l'*Ave Maria,* et elle marche devant elle, au hasard, cherchant la solitude et le silence pour entendre plus distinctement chanter la voix qui s'est éveillée dans son âme. Si son visage est triste à cette heure, c'est que son cœur est en peine; voici les rêveries qu'elle effeuille en marchant :

« Hélas! d'où vient que je suis triste ? Il y a tou-

jours des larmes dans mes yeux. Ma mère me dit :
« Pourquoi pleures-tu ? » et je l'embrasse ; mais il y a
encore des larmes dans mon baiser. — Suis-je seule à
pleurer ?

« Le matin, si je veux chanter en filant mon lin, je
le sens humide sous mon doigt : car il y a aussi des
larmes dans ma chanson. Elles coulent de mes yeux,
mais la source est ailleurs. — Suis-je seule à pleurer ?

« La nuit, je ne peux plus dormir sous mes rideaux,
et, quand je fais ma prière le soir, il y a aussi des
larmes dans ma prière. — Suis-je seule à pleurer ?

« Le soir, autour de l'âtre, quand on se rassemble
pour écouter la légende, si la gaieté bruyante de nos
voisins arrête un instant le conteur, je veux rire
comme les autres ; — mais il y a aussi des larmes dans
mon sourire. — Suis-je seule à pleurer ?

« Ah ! s'il le savait, celui-là qui a emporté ma joie
avec lui, peut-être il reviendrait. Je vais l'attendre
partout, et je ne le rencontre pas. — Ce soir aussi, je
l'attends. — Viendra-t-il ?

« Il a emporté mon cœur, et il ne m'a rien laissé de lui ; il ne m'a laissé que son nom. — Son nom ! — Il est toujours sur mes lèvres. — Je l'ai mis dans ma ballade, et l'air me semble plus beau. — Je l'ai mis aussi dans ma prière. — Hélas ! Dieu me le pardonne ! — M'aime-t-il ?

« Aimer ! — J'aime bien ma tendre mère, et aussi ma jeune sœur. Mais lui ! je ne l'ai vu qu'une fois, et, depuis ce jour-là, mes yeux le cherchent partout, et ma pensée vole à lui sans cesse. — Hélas ! m'aime-t-il ? — Suis-je seule à pleurer ? »

Et, comme Rose s'était assise au bord du sillon où se mourait la marguerite, une de ses larmes tomba sur la fleur, qui se sentit ranimer par cette rosée inattendue, et se releva lentement sur sa tige en aspirant l'haleine du soir. Une seconde larme tomba des yeux de Rose, et mouilla les pétales d'argent de la fleur. La marguerite ranimée regarda la jeune fille éplorée, et elle comprit tout.

« Rose, Rose, dit-elle, je connais la cause de tes

larmes. Ton front est pâle, ton cœur est triste, tes yeux sont mouillés. — J'allais mourir faute de rosée, tu vas mourir faute d'espérance. Sois heureuse, sois joyeuse, Rose. — Je vais te dire mon secret, sans que tu aies besoin de m'effeuiller. Sèche tes yeux, Rose, et que ton front se colore, et que ton cœur batte, et que ton sourire revienne. — Il t'aime, Rose, celui que tu aimes ; — il va venir, celui que tu attends ; il t'aime — *beaucoup, passionnément.* »

Juillet 1844.

VI

LE COLLIER DE LARMES

Un seigneur d'Allemagne, ayant résolu de suivre les princes qui allaient délivrer le saint Sépulcre, fit sonner le clairon dans ses domaines. Et, ayant rassemblé cinquante de ses vassaux, il les arma en guerre, pour marcher à l'encontre des Sarrasins. Le jour du départ, il embrassa cent fois sa jeune épouse et son enfant tout nouveau-né, et, après les avoir recommandés à Dieu, il partit pour la croisade, — précédé de sa bannière.

Mais, à la première bataille, le comte tomba en

embuscade et fut pris par les infidèles, qui le traitèrent misérablement. Et le soudan exigea pour sa rançon une somme si considérable, qu'on l'aurait a peine réalisée en mettant à sec les trésors de trois quartiers juifs.

Une année était accordée au comte pour fournir le prix de sa liberté.

Mais le noble seigneur, qui était peu riche, se résigna chrétiennement à la mort.

Néanmoins il fit transmettre à sa femme un message d'adieu, où, après lui avoir appris son sort, il lui disait :

« Dieu l'a voulu, — que sa volonté soit faite ! Console-toi, vertueuse épouse, — et pense à moi aussi longtemps que tu le pourras.

« Embrasse mon fils; et, quand il sera grand et fort, donne-lui une épée. Qu'il vienne à son tour combattre pour son Dieu, — et venger son père.

« Je t'envoie, ma chère femme, un morceau de la

vraie croix et un rameau cueilli dans le bois des Oliviers, où Notre-Seigneur a dormi sa dernière nuit. »

A l'époque où la comtesse reçut cette lettre, l'incendie venait de détruire son château; — l'année avait été stérile; — il y avait grande misère dans le pays. Et la pauvre femme du comte était presque aussi pauvre que le bouvier qui menait paître ses troupeaux avant qu'ils eussent été emportés par une maladie.

Mais cette honnête dame avait un grand fonds de courage, et se dit en elle-même :

« Si mon seigneur doit mourir, — il mourra dans mes bras,

« Et pourra bénir son héritier, — qui n'aura d'autre héritage, hélas!

« Que le glorieux nom de son brave père. »

Et, prenant son enfant dans ses bras, — la comtesse partit pour la Palestine,

Où elle ne serait pas arrivée, sans la protection de sa patronne, qui était descendue du ciel pour l'accompagner dans son pèlerinage.

Elle arriva au camp des infidèles, juste un jour avant le délai fixé pour le payement de la rançon du comte.

Mais, voyant qu'elle était misérable — et n'apportait rien, le soudan ne lui permit même pas de voir son mari, et ordonna qu'il serait mis à mort le lendemain, — au petit jour.

Mais, dans la nuit, la comtesse eut une vision.

Elle vit paraître devant elle sa patronne, sainte Marguerite, celle-là qui a marché sur la tête du démon.

Elle tenait à la main un collier à trois rangs de perles plus grosses que celles qu'on voit à la tiare du saint-père.

Et disait à la comtesse :

« Madame, Dieu, mon maître, qui a créé le monde et règne sur l'univers, vous a vue forte dans les alarmes, et m'envoie à votre secours. Et la Vierge, mère de Jésus, pour qui votre époux souffre en captivité, m'a dit aussi : « Cours et sois prompte. »

« Je vous apporte un trésor qui payera la liberté du comte :

« C'est un collier de perles plus rares et plus belles que celles qui naissent sous l'eau de la mer,

« Où les rois les envoient chercher par des esclaves habiles à la nage et sans peur contre les requins.

« Ce collier précieux a été travaillé et monté en or fin par saint Éloi, mon ami, qui est orfévre du paradis, et il y a mis tous ses soins.

« Ces perles ont été puisées dans votre dévouement et dans votre courage conjugal et chrétien.

« Ce sont les larmes que vous avez versées pendant votre douloureux pèlerinage; je les ai recueillies une à une, sur vos pas, et, avec l'agrément de Dieu, je les ai métamorphosées ainsi que vous voyez. »

Et, une année après, le seigneur chrétien, de retour dans ses domaines, faisait reconstruire son château,

Dans lequel une chapelle fut élevée à sainte Marguerite, la patronne de sa fidèle épouse.

Février 1848.

VII

LE PREMIER PÉCHÉ DE MARGUERITE

I

Elle s'appelait Marguerite, et on l'attendait au paradis : car Dieu avait dit : « C'est une âme excellente, et, comme il pourrait lui arriver malheur là-bas, je la rappellerai un de ces jours, — si j'y pense. »

C'était une humble et douce fille, — et on l'avait surnommée l'ange du lieu.

Matinale comme l'aube, et fraîche comme elle, tous les jours, en s'éveillant, elle faisait la prière que lui avait apprise sa mère, et s'habillait ensuite dans son alcôve. — Et, n'ayant point de riches atours, elle se passait de miroir.

Puis, comme elle avait fait la veille, — et comme elle ferait le lendemain, pour vivre honnêtement, elle se mettait à l'ouvrage.

Et, cigale en même temps qu'abeille, — elle travaillait en chantant.

Une vieille chanson de gloire et d'amour, qui avait déjà passé sur bien des berceaux, mais dont les vers pouvaient traverser une âme innocente sans troubler sa limpidité.

II

Un soir d'été, elle était assise devant sa maison, filant le lin domestique.

C'était à l'heure où les étoiles naissent une à une dans le ciel, et servent de signal aux amoureux,

Qui courent aux rendez-vous avec les bonnes jambes de vingt ans et qui arrivent avant l'heure,

Car le cœur devance toujours le cadran.

Marguerite chantait sa chanson en tournant son rouet,

Lorsque passa devant elle une de ses voisines, qui allait à une fête prochaine. — Elle était vêtue d'habits neufs, et courait, appelée par le bruit des tambourins que le vent apportait d'alentour.

Mais elle s'arrêta devant Marguerite,

Pour qu'elle vît sa robe neuve, et son collier, et ses pendants d'oreilles ;

Et lui donna la main,

Pour qu'elle pût voir un anneau d'or qui brillait à son doigt.

Puis elle se sauva en riant.

Et Marguerite la suivit d'un regard — qui donna de l'inquiétude à son bon ange.

Et le lin filait moins rapidement entre les doigts de Marguerite, et le rouet ne faisait plus entendre son bruit monotone, et le fuseau tomba de ses mains.

Et, comme le bruit qu'il avait fait en tombant fit sortir la jeune fille de sa rêverie, en relevant les yeux elle trouva, debout devant elle,

Tenant à la main un feutre, où flottait une plume souple comme une flamme, un cavalier magnifiquement vêtu, qui lui fit un respectueux salut, et, d'une voix douce et galante, — lui demanda :

« Le chemin de la ville? »

Marguerite le renseigna, et étendit la main pour mieux lui indiquer la route qu'il devait suivre.

Alors l'étranger s'inclina, et, en échange du service qu'elle venait de lui rendre, il tira de son doigt un anneau d'or, dans lequel était enchâssé un diamant brillant comme une étoile, et le passa au doigt de Marguerite,

Qui trouva le diamant plus beau que celui de sa compagne.

Et le visage du cavalier s'illumina d'un sourire étrange.

Mais survint alors un homme mendiant, vêtu de haillons, qui s'arrêta aussi devant Marguerite, — et, d'une voix brisée, lui demanda :

« La charité, ma belle demoiselle ! »

Marguerite retira l'anneau de son doigt, et le donna au pauvre.

L'étranger poussa un cri de rage, — et étendit la main vers la jeune fille.

Mais le pauvre, qui n'était autre que l'ange gardien de Marguerite, métamorphosé, — la couvrit de ses ailes.

Et Satan, venu pour la tenter, recula devant l'esprit céleste.

Et, le soir même, — l'ange gardien alla conter l'affaire au bon Dieu, et lui dit :

« Seigneur, il serait bon de la rappeler ici. »

Et Dieu répondit :

« En effet, j'y songerai. »

Mais, le lendemain, il n'y pensait plus.

Et, un an après, en sortant de l'église, Marguerite

rencontra un jeune homme qui lui offrit de l'eau bénite.

Il avait un cœur d'enfant et un esprit séculaire,
Et se nommait Faust.

Février 1849.

ÉTUDES
SUR
HENRY MURGER

ÉTUDES

SUR

HENRY MURGER[1]

Ce jeune homme, Henry Murger, qui est mort en vingt-quatre heures, à trente-huit ans, à l'instant même où l'écrivain va savoir le dernier mystère de son art, laisse après lui, pour maintenir sa mémoire, une suite ingénieuse de pages charmantes, écrites dans un accent tout nouveau. M. Henry Murger (et ceci est une louange énorme) a conquis sa place au rang des inventeurs; il est un des rares écrivains, des rares artistes qui ont trouvé quelque chose; un chercheur de nouveaux mondes poussé par l'instinct des terres lointaines, des régions inconnues,

---

1. Les différentes études qu'on va lire, extraites des principales notices que les journaux de Paris ont publiées sur Henry Murger, nous ont paru le couronnement le plus digne qui pût être donné à son livre posthume. Elles prouvent toutes les sympathies que ce spirituel et regrettable écrivain s'était acquises, aussi bien par l'aménité de son caractère que par le charme et l'originalité de son talent.

(*Note des Éditeurs.*)

des solitudes inexplorées. Henry Murger a trouvé *la bohème*, et dans ce monde à part, que lui-même a défini, ce jeune homme (il avait à peine vingt ans) nous a conduits, à travers mille péripéties, à la suite des originaux les plus amusants du monde ; et tant de gaieté, tant de larmes, tant de francs rires et de pauvreté vaillante ! Ah ! l'aimable écrivain, le charmant observateur des joyeuses misères, le romancier naïf des jeunes amours, tout rempli de caprices, de fantaisies et d'étonnements !

. . . .

Henry Murger reconnaissait des *bohèmes* de trois espèces, à savoir : l'artiste ignoré et faisant de l'art pour l'art, sans trop songer qu'il faut avoir en ce bas monde un domicile, un habit présentable, et pour le moins un repas chaque jour. Ces imprévoyants, pour peu que vous leur parliez de la plus simple prudence, ils vous tournent le dos et vous appellent des *bourgeois,* ce qui est la plus grosse injure qu'ils vous puissent dire. Une autre fraction de la bohème est représentée par la partie impuissante des écrivains sans style et des peintres sans couleur. Ils rêvaient la gloire au départ... ils n'ont pas fait vingt pas dans la carrière, qu'ils s'arrêtent découragés ; mais, quand ils devraient accuser leur impuissance, ils accusent l'ingratitude et l'ignorance de leur siècle. Ainsi toute leur vie, ils l'emploient à maudire le genre humain, et, quand l'heure arrive où pour tout de bon il faut mourir, ces insensés diraient volontiers, comme autrefois Néron l'empereur : « Quel grand ouvrier perdra le monde en me perdant ! »

La troisième et la moins dangereuse espèce du bohème a pour type le bohème-amateur, c'est-à-dire une centaine de braves jeunes gens sans mérite, qui se plaisent à tâter du pain de la misère, à mener, comme ils disent, la vie d'artiste, et, quand, au bout d'une année de cette *vache enragée*, ils ont jeûné tout leur soûl, quand leur habit est un haillon et leur chemise une loque, aussitôt les voilà qui retournent au foyer domestique, implorant la pitié maternelle. Alors malheur au veau gras ! on le tue ; en même temps l'enfant prodigue est peigné, lavé, restauré, toutes choses dont il a grand besoin. On lui achète une humble étude en quelque province éloignée où il s'amuse à donner le jour à quantité de petits bohèmes de sa composition. Tels sont les trois genres de cette espèce, et, si vous demandiez à Henry Murger un axiome à vous guider dans ces sentiers dangereux, il vous répondait sans feinte et franchement : « La bohème ainsi faite n'est pas un chemin, c'est une impasse. » En même temps il ajoutait, car il avait sa tête et sa doctrine : « Autant ces trois espèces de bohème sont odieuses et ridicules, autant ma bohème à moi, la vraie bohème, offre une étude intéressante au poëte, au moraliste, au romancier. Ma bohème est située, il est vrai, entre deux abîmes, la misère et le doute ; mais enfin, quand vous avez évité Charybde et Scylla, vous trouvez un sentier qui, par toute sorte de tours et de détours également dangereux, finit par vous conduire à la renommée et parfois à la gloire. Il y faut de la peine, il y faut du courage ; un esprit ferme, un cœur honnête ; un grand amour de l'aventure, un grand mépris de l'accident. Mon bohème est un brave homme aux prises avec la nécessité ; il lui faut, pour toucher le but, autant d'esprit que de courage. Habile et très-éloquent, il se ferait prêter de l'argent par Harpagon ; il aurait trouvé des truffes sur le radeau de la *Méduse*. Au niveau de toutes les fortunes, il dîne comme un gueux, il soupe à la Maison d'or. Tantôt il s'étale au plus bel endroit du salon où Célimène fait resplendir dans un cercle de marquis les grâces de son esprit, le feu de ses diamants ; tantôt il remplit l'estaminet voisin du choc de son verre et de ses paradoxes. Mon bohème est bon à toute chose, à la musique, à la peinture, à la philosophie, au théâtre, au journal, à la tribune politique. Il danse, il chante, il disserte, et parfois même il écoute ; il fait souvent des méchancetés, rarement une action méchante. Il a conservé de ses premières années un sentiment confus de ses devoirs ; du profond oubli de ses premières études, il a sauvé je ne sais quel bon goût qui lui fait préférer l'*Iliade* à la *Jérusalem délivrée* et l'*Énéide* à la *Pharsale*. En un mot, le goût le sauve et le maintient dans un certain honneur, qui, malgré sa misère et ses haillons, sa pipe et ses dettes, ses amours malsaines et ses hyperboles en conduite, le font tolérer, que dis-je ? et rechercher des plus honnêtes gens. »

Telles étaient les opinions d'Henry Murger sur les habitants de ces terres ingrates qu'il croyait avoir découvertes et qu'il avait tout simplement retrouvées. . . . . .
. . . .

Les *Scènes de la bohème* représentent un livre étrange, où chaque chapitre est une œuvre à part, et cependant s'unit si bien au chapitre qu'il précède, au *chapitre suivant*, que, sans commentaire et sans liaison apparente, ces divers chapitres ont formé tout de suite un livre, un des livres les plus gais, les plus naïfs, les plus vraiment amoureux, bons plaisants et jolis de ce siècle des fantaisies. A chaque page, on rencontre, empêtré dans le même embarras et faisant une chasse acharnée à *cet animal féroce* appelé la pièce de cinq francs, tantôt un peintre et tantôt un poëte ; un autre jour, c'est un philologue en proie à toutes les ambitions du terme, du dîner, du tabac, du petit verre et de la tasse de café. Quels ennemis du propriétaire et du portier, ces *bohèmes* de Murger ! quels fins limiers de la rue, et quels chanteurs de la mansarde ! ajoutez : quels fermes croyants en la Providence, et quels enfants gâtés du hasard !

Ses héros, ses enfants, ses frères les bohèmes, Henry Murger ne les a pas fardés ; ils sont plutôt laids que beaux, assez mal bâtis et mal tournés, surtout mal vêtus ; mais ils sont jeunes et surtout ils sont gais. Ils ont le sourire à la lèvre, le feu dans les yeux et de l'espoir plein le cœur. Si trop souvent ils vont pataugeant dans la boue, ils pataugent fièrement, non pas en mendiants, mais en cyniques, en philosophes, en railleurs, en bonnes gens. Ils sont paresseux, mais paresseux avec délices ; ils évitent la peine, ils ne songent pas à la récompense. Heureux, ils font un bruit du diable, et, malheureux, ils se résignent.

. . . .

Laissons-les vivre et laissons-les rire ; ils n'ont pas souvent un bout de chandelle pour se coucher, ils brûlent parfois de la bougie *rose*. Ils ont à peine un habit pour eux six, et cependant ils rédigent *l'Écharpe d'Iris*, un fameux journal de modes qui donne le ton à la ville, à la cour, à la duchesse, à la bourgeoise. Ah! *l'Écharpe d'Iris*, la bien nommée, à en juger par le costume du rédacteur en chef : « pantalon écossais, chapeau gris, cravate rouge, un gant blanc, un gant noir. » Ils appellent cela, nos bohémiens : tomber de *carrick en syllabe*, et pour rien au monde ils ne voudraient échanger leur gant blanc contre un gant noir. Ce qui les sauve après la gaieté, c'est l'amour. Ils rencontrent, chemin faisant, toutes sortes de fillettes gentiment éveillées et pleines de jolies manières, des mains gantées de ce matin, des pieds chaussés d'hier. Or, ne vous étonnez pas de ces princesses qui donnent le bras à ces mendiants. Il comprenait très-bien, Henry Murger, que tant de haillons, de taches et de trous finiraient par fatiguer le lecteur parisien, ce lecteur difficile et dédaigneux, et c'est pourquoi il appelle à son aide un grand frou-frou de belles toilettes un peu risquées, des robes à n'en pas finir, des chapeaux qui commencent à peine, et la fortune passagère des vingt ans de Musette. Elle est encore un des amours de la bonne ville, mademoiselle Musette, enfant des hauteurs de la rue Saint-Jacques, habitante des hauteurs de Bréda. Elle aimait le luxe, elle haïssait le vieillard ; il fallait pour lui plaire être un peu riche, un peu jeune, un peu beau. Mais richesse et beauté, rien n'y faisait : Musette était inconstante, elle était infidèle, elle était une perpétuelle alternative d'omnibus et de coupé bleu, de cinquième étage et d'entre-sol. Henry Mur-

ger l'aimait de tout son cœur, cette Musette; il a fait l'élégie et la chanson de Musette; il a chanté, sans les compter, les épithalames de Musette, il a célébré son *De profundis*. O Musette, a-t-il dit souvent, vous êtes bien la sœur de Bernerette et de Mimi Pinson ! — Il disait juste, il disait vrai ; mais il fallait dire aussi que Mimi Pinson et Bernerette étaient les sœurs cadettes de Manon Lescaut. Alfred de Musset, l'abbé Prévost, Henry Murger, trois bohémiens de la même bohème, et morts si tristement tous les trois! Elle est accorte, elle est avenante, elle est aimable enfin, cette Musette ; elle se mêle agréablement aux dépenses et aux économies de nos *bohèmes* faiseurs d'opéras, de tableaux et de philosophie ! . . . .
. . . .

On n'en finirait pas avec ces chers souvenirs que ravive aujourd'hui cette mort cruelle, inattendue, et qui nous reviennent en ce moment, tout semblables à des roses fanées que l'on jette sur un cercueil et qui n'ont pas tout à fait perdu la suave odeur printanière. Aussi bien, il est partout, ce livre de la bohème. Il a déjà charmé la jeunesse de deux générations. La troisième arrive, et déjà le sait par cœur. La bohème de Henry Murger et les chansons de Béranger sont les vrais premiers chapitres du Code civil et des leçons de Galien. Vous aurez beau faire et déclamer, le livre existe, il est adopté, rien ne saurait en distraire les hommes de la génération qui s'en va, moins encore les hommes de la génération prochaine. . . .
. . . .

Henry Murger a compris plus d'une fois (dans ces moments de sincérité, que tout galant homme a nécessairement avec soi-même) qu'avec un peu plus d'art et de poésie il eût fait des héros plus pardonnables et des héroïnes non moins charmantes. Mais quel remède ? Il n'a pas voulu quitter le cercle où il était entré. Très-rarement il est sorti de ses domaines.....

Et puis ses jours étaient comptés ; sa jeunesse à l'aventure obéissait fatalement au courant de la vie littéraire. Il était sans boussole et sans nord. Fils de l'impromptu, qu'il entourait cependant de tout le zèle et de tous les soins de son bel esprit, il s'abandonnait sans résistance au vent qui souffle, au flot qui coule ; et comme il avait enseigné l'imprévoyance à ses disciples, il était lui-même imprévoyant au degré suprême. Il se mourait chaque jour d'un mal invisible ; il ne se sentait pas mourir. Et, si malade, il allait d'un pas chancelant et d'un regard déjà voilé, cherchant les traces bien-aimées de Rodolphe et de Musette. Hélas ! le malheureux, j'ai passé la nuit de ce jour plein de ténèbres, où les derniers devoirs ont été rendus à sa dépouille mortelle, à lire un petit livre intitulé : *les Nuits d'hiver.* Ce livre, rempli de tristesses cachées, de désespoirs muets, de regrets inutiles, sera la digne oraison funèbre de Henry Murger. Il le corrigeait de sa main mourante, et, quinze jours plus tard, ses amis l'auraient déposé sur son tombeau.

Ces chansons suprêmes (*novissima verba*), pleines de grâce et de tristesses ineffables, sont bien véritablement le poétique et sérieux résumé d'une vie exposée à tous les délires de la tête et des sens. Ces *Nuits d'hiver,* dans leur nuage, ont conservé quelques-uns des plus doux rayons des paisibles matinées, quand la jeunesse est suffisante à parer même les amours les moins chastes et les plus vulgaires.

Sans doute, à la lecture de ces élégies d'un *hiver* qui commence à trente ans, le lecteur sympathique et qui sait comprendre une plainte apprendra le secret de Murger. Pourquoi ce sourire éclatant? pourquoi ces larmes cachées? pourquoi tant d'humbles prières et pourquoi tant d'orgueil? Une des plus belles pièces du présent livre est celle qui se termine ainsi :

« . . . . . Dites-lui que j'ai lu Voltaire. »

Impiété puérile! A peine il fut entré, cet aimable esprit, dans les limbes misérables, incessamment ouvertes à la misère, au génie, au bel esprit, à l'abandon, au poëme, au roman, à l'âme inflexible qui ne sait ni flatter ni mentir, à l'imprévoyance, au doute, au désespoir, le premier soin, le premier cri de ce fameux lecteur de Voltaire : *Un prêtre! un confesseur! Qu'on me porte à la chapelle!* Et le prêtre est venu, qui l'a consolé de lui-même! O bohème! ô voltairiens! c'est ainsi que finiront les plus sages et les plus heureux d'entre vous! Sont venus aussi les amis de Murger; braves gens, ils ne l'ont pas quitté qu'il n'eût franchi ce passage abominable; ils ont veillé à son chevet; ils ont fermé ces yeux fatigués des spectacles impurs; ils ont suivi ce léger cercueil; et voyez le miracle! Autant le grand poëte Alfred de Musset fut abandonné dans ses funérailles, autant le bohème Henry

Murger fut accompagné dans le sentier qui mène à son tombeau. Alfred de Musset est enseveli sous la parole austère d'un sien confrère de l'Académie; Henry Murger n'entend, du fond de sa tombe ouverte avant l'heure, que bonnes et douces paroles tombées de bouches amies; et la presse, intelligente gardienne de la justice après la mort, ne voue plus au cercueil de Murger que plaintes honorables, tendres adieux! D'où vient tant de zèle à célébrer celui-ci, à négliger celui-là, son maître, et sans comparaison? Il faut le demander à l'opinion publique, à la sincérité du malheur de Murger, et peut-être à la palme académique de l'auteur de *Rolla!* Interrogez la jeunesse absente du tombeau d'Alfred de Musset; interrogez ces jeunes gens qui viennent en foule aux obsèques de Henry Murger; ceux-là, ici, ceux-ci, là, vous répondront : « Le vent souffle où il veut! » Ainsi fait la sympathie, ainsi fait la pitié !

Henry Murger est mort à l'hôpital. Nous nous servons tout exprès de ce mot terrible : *hôpital,* pour ne rien ôter à la sympathie, à la pitié que mérite un labeur si rare, un talent si charmant. *Hôpital,* c'est le vrai mot. Vous déroutez la postérité, qui juge à la fois le poëte et ses lecteurs, en déguisant sous un mot plus clément cette extrême misère. Il n'y a qu'un mot qui serve en tout ceci : *l'hôpital.* Là sont morts bien des malheureux que la muse avait touchés de sa lèvre, et l'on serait injuste et cruel de priver leur mémoire de ce complément suprême aux douleurs du poëte, au travail de l'artiste. *A l'hôpital*, et non pas *dans la maison Dubois,* je vais chercher le grand poëte Gilbert ; c'est en partant de l'hôpital qu'un de nos amis accompagnait naguère un grand génie appelé Bordas-Dumoulin. Gustave Planche est mort à l'hôpital ; Antony Béraud, poëte et soldat... à l'hôpital ! O vengeance ! ô justice ! ô contraste !... On a vu naguère même un libraire (il avait été l'éditeur des grandes œuvres de ce siècle) expirer à l'hôpital ! Non, non, s'il vous plaît, Pétrone, et vous, Tacite, et vous tous qui riez en pleurant, qui mêlez une larme à vos sourires, pas de ces mensonges officieux qui semblent plutôt faits pour déguiser l'insensibilité des vivants que la pénurie des morts. Non, non, le poëte et l'écrivain, le peintre et le sculpteur, le philosophe et l'inventeur, tous ces malheureux qui ne meurent pas dans leur lit, sous le regard bienveillant qui les veille ou sous la main rustique et maternelle de quelque vieille servante, entourés des portraits aimés, des livres choisis, du chien qui pleure et de l'oiseau qui chante, ils meurent dans une maison d'emprunt ; non, non, celui-là qu'on vient prendre, infortuné ! dans son agonie et qu'on emporte au milieu de la rue, et se demandant : « Qu'a-t-on fait de mon cercueil ? où sont mes amis pour m'accompagner ? Est-ce que mon curé m'abandonne, et pourquoi n'entends-je pas les prières funèbres ? » celui-là, ce mort vivant que vous emportez dans vos civières, ce n'est pas *dans la maison Dubois* qu'il expire... il expire *à l'hôpital.*

Jules Janin.

On n'a guère su que par l'annonce de sa mort la maladie de Henry Murger, tant il a été promptement enlevé!

Il semblait plein de joie et d'espérance, et il comptait pour sa réputation littéraire sur le volume de poésies qu'il préparait, une fraîche gerbe de jeunes souvenirs. Il y avait mis le plus pur sang de son cœur et toutes les tendresses de son âme; car Murger était un poëte dans son œuvre et dans sa vie. Il suivait son rêve sans souci de la réalité, et ne remplaçait pas l'inspiration par ce travail voulu, presque mécanique, qui seul assure l'existence précaire de l'homme de lettres. Ce n'était pas paresse chez lui, c'était sobriété naturelle, délicatesse de goût, amour du trait vif et net. Il cherchait le mot et non la phrase, et, l'émotion atteinte, il s'arrêtait, trouvant que la page finissait là. Par malheur, ce sont les longs romans qui rapportent; l'esprit tient peu de place; une larme ne couvre pas beaucoup de papier, et la sollicitude du ministre a dû intervenir pour entourer de soins la fin du poëte et donner à ses funérailles une pompe décente.

Cette mort a été douloureusement ressentie. Henry Murger possédait un talent sympathique : il se faisait aimer de ses lecteurs. — Son esprit, et personne peut-être depuis

Rivarol et Chamfort n'en eut davantage, n'avait pas de pointe envenimée ; il piquait sans faire venir le sang et laisser le poison. Souvent il se raillait lui-même ; mais, à travers le rire, on entendait toujours la note tendre. Ce moqueur était facilement ému ; ce sceptique croyait à la jeunesse, à l'enthousiasme, à l'amour, au dévouement. — Dans ses plus grandes malices, il restait humain. Aussi n'avait-il pas d'ennemis, et ceux qu'effleurait sa plaisanterie ailée et légère ne lui en gardaient pas rancune.

Bien avant l'heure indiquée pour le convoi, une foule toujours accrue stationnait aux alentours de la maison municipale de santé du faubourg Saint-Denis. Ceux qui n'avaient pu trouver place dans la chapelle, bientôt remplie, attendaient la fin du service funèbre, afin de se joindre au cortége, déplorant cette mort fatale ou racontant à voix basse quelque anecdote relative au défunt.

La messe avec accompagnement d'orgue célébrée, le corbillard, orné d'un écusson portant l'initiale du nom de Murger brodée en argent, prit le chemin du cimetière. Les cordons du char étaient tenus par MM. Édouard Thierry, le baron Taylor, Théodore Barrière et Labiche.

Nommer ceux qui formaient le cortége, ce serait faire le dénombrement complet de la littérature, des arts et de la critique. M. Camille Doucet y représentait le ministre d'État; M. Rouland, ministre de l'instruction publique, qui honorait Murger de sa bienveillance, avait envoyé son secrétaire, M. de Larozerie. MM. Sainte-Beuve, Ponsard et Jules Sandeau montraient par leur présence que l'Académie française n'ignorait pas le talent de l'auteur et en tenait compte. Le poëte, qui, vivant, n'eût pas cru à tant d'honneurs, s'en allait bien accompagné vers son dernier asile. Aussi une femme du peuple, voyant de la chaussée passer l'interminable cortége, dit-elle : « C'est le convoi de quelque richard! »

Beaucoup d'étudiants, se souvenant que Murger avait chanté le *pays latin,* suivaient, mêlés aux gens de lettres et aux artistes.

Un temps sombre, un ciel estompé de brouillard, une terre détrempée ajoutaient à l'impression lugubre, et la nature, souvent ironique, semblait cette fois partager la tristesse des hommes.

En présence d'une foule muette et recueillie groupée autour de la fosse ouverte, MM. Édouard Thierry, président de la Société des gens de lettres; Raymond Deslandes, membre de la commission des auteurs dramatiques; Auguste Vitu, rédacteur du *Constitutionnel,* ont prononcé des discours où le talent et le caractère du mort étaient appréciés avec une vérité sympathique ne sentant en rien les hyperboles de l'oraison funèbre.

En effet, avec Murger s'en va l'originalité la plus brillante qu'ait produite le petit journal; car c'est là qu'il a fait ses premières armes et qu'ont paru d'abord les *Scènes de la vie de bohême,* qui, sous forme de livre et de pièce, devaient obtenir un si vif succès. Murger résume en lui une époque et une littérature. Il a peint, avec une verve, un esprit et un sentiment qu'on ne dépassera pas, les mœurs exceptionnelles et fantasques d'une jeunesse qui, depuis, s'est peut-être un peu trop corrigée.

Chose rare en ce temps où règne la fièvre de l'or, Murger a aimé la pauvreté — la divine pauvreté, mère de la poésie et des arts — que célèbre Aristophane dans son *Plutus*; il en a chanté les libres joies et les plaisirs désintéressés. Consciencieux artiste, aux jours d'impuissance et de fatigue, il ne s'est pas créé de ressources avec la fausse monnaie de son talent, et son dernier ouvrage est un volume de vers.

. . . .

Ce volume s'ouvre par un sonnet en manière de préface, où l'auteur souhaite d'un air goguenard toutes sortes de prospérités à l'être assez bénévole, assez naïf, assez patriarcal, pour payer d'un écu, en ce temps de prose, trois cents pages de vers. — Ici, pour nous servir d'une expression de Murger, c'est le fifre au rire aigu qui raille le violoncelle, car rien n'est plus tendre, plus amoureux, plus suave que les pièces précédées de cet avis bouffon.

L'amour comme Murger le comprend est d'une espèce particulière. Vous ne trouvez pas chez lui les supplications ardentes, les galanteries hyberboliques, les lamentations exagérées de la poursuite, pas plus que les dithyrambes à plein vol, et les odes enivrées du triomphe ; n'y cherchez pas non plus les grands désespoirs, les éternels sanglots et les cris à fendre les cieux. — Cet amour ne se présente guère qu'à l'état de souvenir ; heureux, il se tait ; pour le faire parler, il faut l'abandon, l'infidélité, la mort ! Où le plaisir fut silencieux, la douleur pousse un soupir. A vrai dire, ce qui plaît à Murger dans l'amour, c'est la souffrance. Ses blessures aiment leur épine et ne voudraient pas guérir. Accoudé mélancoliquement, il regarde les gouttes rouges perler et tomber une à une, et il ne les arrête pas, dût sa vie s'en aller avec elles. — La maîtresse, il ne l'a pas choisie; le hasard a formé le lien éphémère; le caprice le dénouera; l'hirondelle est entrée par la fenêtre ouverte; un beau jour, elle s'envolera, obéissant à son instinct voyageur; le poëte le sait, et il n'est pas nécessaire de lui répéter avec Shakspeare : « Fragilité, c'est le nom de la femme. » La trahison, il l'a prévue; mais il en souffre et il s'en plaint avec une amertume si douce, une ironie si mouillée de larmes, une tristesse si résignée, que son émotion vous gagne. — Peut-être, cette femme regrettée, ne l'aimait-il pas fidèle; mais maintenant, transfigurée par l'absence, il l'adore. Un fantôme charmant a remplacé l'idole vulgaire, et Musette vaut les Béatrix et les Laure.

Deux pièces, dans cette portion du volume intitulée *les Amoureux,* donnent la note dominante de Murger, *le Requiem d'amour* et *la Chanson de Musette*. Dans la première, le poëte, s'adressant à la maîtresse qui a déchiqueté son cœur avec une volupté nerveuse et cruelle, comme cette princesse de Chine qui se pâmait en déchirant de ses longs ongles transparents les étoffes de soie les plus précieuses, cherche un air pour chanter le *requiem* de cet amour défunt. Il en essaye plusieurs, mais chaque mélodie éveille un souvenir. Le poëte s'écrie : « Oh! non pas ce motif-là! Mon cœur, que je croyais mort, tressaille dans ma poitrine; il l'a si souvent entendu

jaser sur tes lèvres! Cette valse non plus, cette valse à deux temps qui me fit tant de mal! Encore moins ce *lied* que des Allemands chantaient dans le bois de Meudon et que nous avons répété ensemble! Pas de musique, mais causons sans haine ni colère de nos anciennes amours. »
Et Murger évoque les soirées d'hiver passées dans la petite chambre près du foyer où la bouilloire fredonnait son refrain régulier; les longues promenades, au printemps, à travers les prés et les bois, et les innocents plaisirs goûtés au sein de la nature complice. Il refait cet éternel poëme de la jeunesse que six mille ans n'ont pas vieilli. Puis vient la déception. Un jour, le poëte se trouve seul. La belle amoureuse est partie. Adieu la bottine grise, la robe de toile et le chapeau de paille parfumé d'une fleur naturelle! La moire antique ballonne autour de cette taille souple, le cachemire fait son pli sur cette nuque aux blonds cheveux follets; un bracelet de prix scintille à ce bras potelé; des bagues chargent ces mains jadis plus brunes et blanchies maintenant par l'oisiveté.
— Il fallait bien s'y attendre; l'histoire est fade et commune. Le poëte lui-même en rit comme un fou!

La seconde, qui est *la Chanson de Musette,* nous semble un pur chef-d'œuvre de grâce, de tendresse et d'originalité...

Deux pièces d'un pressentiment funèbre, trop justifié, hélas! terminent le recueil. L'une est un appel presque caressant à la mort; l'autre, une espèce de testament, moitié sérieux, moitié ironique, où l'auteur, doutant qu'il puisse s'asseoir « parmi le groupe élu des gens qui verront *l'Africaine,* » fait ses dispositions dernières, règle son convoi et dresse le plan de son tombeau. — Thomas Hook, le spirituel rédacteur du *Punch* et l'auteur de cette *Chanson de la Chemise (Song of the Shirt)* qui fut presque un événement en Angleterre, eut aussi cette fantaisie lugubre de dessiner son monument, et pour épitaphe il y mit : « Il fit *la Chanson de la Chemise.* » — Sur le tombeau de Murger, ne pourrait-on pas écrire : « Il fit *la Chanson de Musette?* »

Théophile Gautier.

Henry Murger, un écrivain plein de grâce et d'originalité, un conteur charmant, un poëte, a été enlevé, en peu de jours, et au moment où ses amis commençaient à s'inquiéter sérieusement de son état. Pauvre Murger! il ne s'est couché que pour mourir.

Il allait, il venait du journal à la librairie, de la librairie au théâtre, corrigeant ses vers, achevant la page commencée, rêvant à quelque plan de comédie nouvelle. On le rencontrait comme à l'ordinaire; il ne paraissait ni soucieux ni triste; souvent même il était gai par boutades, mais d'une gaieté un peu forcée et surexcitée, qui trahissait un secret malaise. Il souffrait, il ressentait déjà les atteintes de sa mort prochaine, et il souriait pour cacher ses souffrances; car il a toujours professé, en ce qui touchait sa personne, une indifférence extrême et un dédaigneux stoïcisme.

La dernière fois que je l'ai vu, c'est au foyer du Vaudeville. Il venait de donner une fort jolie pièce au Palais-Royal, *le Serment d'Horace,* et j'avais été assez heureux pour en dire tout le bien que j'en pensais. Je l'abordai vivement pour le féliciter de son succès. Il fit comme un mouvement de retraite, ce qu'on appelle au théâtre une fausse sortie. Puis, revenant vers moi de l'air le plus aimable et le plus cordial, il me serra la main.

— Ceci ne compte pas, me dit-il; je ne vous ai pas vu, je ne veux point vous voir; je tiens à vous remercier chez vous.

— Je vous le défends positivement, cher ami ; c'est moi qui vous rends grâce de tout le plaisir que vous m'avez fait.

— Vous ne m'empêcherez point, je suppose, d'aller vous voir ?

— Si ; je vous mettrai à la porte

— Nous verrons.

Deux jours après, il passa rue d'Aumale ; je n'y étais pas, et je trouvai, en rentrant, son nom sur une feuille de papier blanc, que je conserve comme une relique.

J'avais connu Murger au *Corsaire*, il y a une quinzaine d'années. Il était alors fort jeune ; mais déjà son front commençait à se dégarnir, et sa santé était délicate et languissante. Nous l'aimions tous, et il nous aimait ; car il était naturellement bon, doux, affectueux. Il causait à cœur ouvert ; il racontait tout haut ses rêveries et ses châteaux en Espagne. Que de fois j'ai regretté qu'il n'y eût pas un sténographe ! Ses manières étaient dignes et polies ; sa modestie si simple et si franche, qu'on eût dit qu'il ignorait sa valeur. Quand on le plaisantait, sa malice était sans fiel, sa raillerie légère et inoffensive. S'il se fâchait, ses colères ne duraient qu'une seconde, et il avait aussitôt des retours d'une effusion charmante, des tendresses de jeune fille et des ingénuités d'enfant.

Souvent il arrivait en nage, on ne sait d'où ; il s'asseyait au coin d'une table et rédigeait pour un louis (ce qui était la haute paye pour les mieux rémunérés) une de ses ravissantes scènes de la *Vie de bohème*. On ne se doute pas de l'esprit, du talent, du style qui s'absorbe et s'engloutit tous les jours dans ces feuilles, grandes ou petites, que la publicité fait éclore et qu'emporte le vent. L'auteur lui-même ne s'en doutait pas, à coup sûr, et il n'a eu, cependant, qu'à ramasser quelques-unes de ces pages éparses pour faire un livre qui est son plus beau titre de gloire et son œuvre la plus curieuse et la plus durable.

On connaît ses autres romans, ses fantaisies, ses pièces : *le Pays latin, le Sabot rouge, les Vacances de Camille, le Dernier Rendez-vous, les Scènes de campagne, les Buveurs d'eau, le Bonhomme Jadis*, et ce drame poignant de *la Vie de bohème*, qu'il a tiré de son livre avec M. Th. Barrière, et qui a donné naissance à toutes les Filles de marbre et à toutes les Dames aux camellias. Comme romancier, comme auteur dramatique, Murger n'a eu que des succès, et la popularité, on peut le dire, lui a fait les premières avances.

Malheureusement, ni le talent, ni l'invention, ni le style, ni les qualités les plus charmantes et les plus rares ne suffisent plus aujourd'hui pour assurer l'indépendance et la dignité de l'homme de lettres. Il faut une âme et un corps solidement trempés, une organisation tout à fait exceptionnelle, un tempérament de fer, pour ne point succomber aux luttes, aux fatigues, aux excitations de cette vie dévorante ; il faut produire sans cesse, produire encore, et toujours. Avec les années la séve tarit, la veine s'épuise, le travail devient plus difficile ; l'écrivain lui-même surveille et juge ses œuvres avec un goût plus sévère. C'est le moment où l'on a le plus besoin d'ordre, de calme, de fermeté et de raison.

Depuis quelque temps, la santé de Murger était visiblement altérée ; il réagissait tant qu'il pouvait contre cet état de langueur et de marasme, dont il se sentait envahir ; mais ces efforts mêmes l'affaiblissaient et le consumaient. Pour prolonger des jours si menacés, ce n'eût pas été assez peut-être des soins les plus vigilants et les plus assidus, de la vie la plus paisible et la plus régulière. Mais, lorsque ses amis lui exprimaient leurs craintes où se hasardaient à lui donner quelques conseils, il souriait doucement, et répétait quelques vers d'une de ses plus sombres ballades.

Murger était peu connu comme poëte ; il avait pourtant écrit des vers charmants, à plusieurs dates, et, par une fatale coïncidence, un volume de poésies, qu'il préparait et achevait, devait paraître le jour de sa mort. Dans ce livre, tout rempli des plus chers souvenirs de sa jeunesse, une chose nous a surtout frappé : c'est la teinte de mélancolie, de désenchantement, parfois de désespoir, qu'y prennent les pensées du poëte ; à chaque page, à chaque strophe, au milieu des images les plus riantes et des rêveries les plus enjouées, il y a quelques allusions d'une tristesse profonde, ou quelque sinistre pressentiment. Le titre même de la plupart de ses pièces est lugubre : *Lettre à un mort; la Ballade du désespéré; Ultima spes mortuorum; le Requiem d'amour; la Tournée du diable; le Collier de larmes,* etc., etc. On a comparé sa manière à celle d'Alfred de Musset : il n'en a point la forme exquise, la spontanéité, le souffle; mais peut-être a-t-il plus de sensibilité et d'*humour* que l'auteur du *Spectacle dans un fauteuil.* En y regardant de près, on lui trouve un air de famille avec Henri Heine...

Maintenant, je sais les respects et les ménagements que l'on doit à une tombe fermée à peine; mais ne sort-il point de cette tombe un enseignement pour nous tous, les plus humbles comme les plus illustres, qui vivons de cet écrasant labeur quotidien, dont on ne peut se faire une idée quand on n'y est pas condamné? Pourquoi faut-il que des hommes d'une grande intelligence et d'un esprit charmant prodiguent ainsi leur vie et la rejettent comme un lourd fardeau? N'ont-ils pas une mère, ou, s'ils l'ont perdue, sa chère et sainte image ne veille-t-elle donc pas sur eux à l'heure du danger? Pourquoi chercher l'oubli, le repos ou des émotions fiévreuses et passagères dans tout ce qui épuise et qui tue, comme si le travail usait trop lentement, comme si la pensée ne tuait pas assez tôt! Pourquoi tant de faiblesse ou tant d'insouciance? Passe encore à vingt ans. On peut tout pardonner à la jeunesse...

Un dernier mot, si on veut bien le permettre, en faveur de cette société qu'on dit si dure et si ingrate pour tout ce qui tient une plume. J'espère qu'on ne répétera point ce lieu commun ridicule à propos du charmant poëte que nous venons de perdre. Ni les amitiés fidèles, ni les succès, ni les honneurs ne lui ont manqué. Tous les théâtres lui étaient ouverts; tous les journaux, toutes les Revues sollicitaient ses écrits, trop rares à leur gré. Dès qu'on l'a su malade, tous les dévouements sont accourus; sa porte a été assiégée par tout ce qu'il y a de plus honorable et de plus éminent; deux ministres ont fait demander d'heure en heure de ses nouvelles; les plus grands médecins de Paris, les lumières de la science, ont veillé à son chevet; ses derniers moments ont été entourés de pieuses et touchantes sollicitudes. Enfin, — suprême et juste hommage! — une foule immense où tous les ordres et tous les rangs étaient représentés : — l'Académie, les ministères, les écoles, les lettres, les arts, la critique, — a suivi, à pied, tête nue, son cercueil; si bien qu'une emme du peuple, voyant l'interminable cortége, a pu s'écrier, dans sa naïveté : « C'est le convoi de quelque millionnaire! »

P.-A. Fiorentino.

Quand on lisait à Rivarol un éloge de quelque grand maître comme Corneille ou Molière, il ne pouvait s'empêcher de dire : « Voilà qui est fort beau, mais il y a des longueurs. — Vous feriez des coupures? lui demandait-on. — Oui, répondait-il, je me contenterais d'écrire : *L'un s'appelait Molière, ou l'autre s'appelait Corneille.* »

Bienheureux est le poëte qui n'a pas besoin d'autre éloge, parce que son œuvre parle aussi haut que son nom. Ce n'est pas seulement l'histoire des plus grands, c'est l'histoire de quelques rares esprits des régions tempérées, comme l'abbé Prévost, qui ont eu l'art ou plutôt le don de créer une figure immortelle. Certes, Manon Lescaut ne s'élève pas à la taille des Camille et des Alceste, mais en est-elle moins humaine et vivra-t-elle moins longtemps dans le monde poétique?

Il s'appelait Henry Murger! N'est-ce pas son éloge en un seul mot? n'est-ce pas dire toute son œuvre et toute sa vie? Combien de grands noms académiques, combien de soleils factices vont aller s'effaçant de jour en jour devant ce nom tout simple, devant cette petite étoile qui jettera toujours son rayon sympathique dans le ciel des poëtes, surtout quand Mimi et Musette courront l'aventure. . . . .

Il y aura bientôt vingt ans que j'ai connu Henry Murger. C'était à *l'Artiste;* il venait m'apporter ses premiers vers : en moins de cinq minutes nous étions les meilleurs amis du monde.

— Vous connaissez Alfred de Musset ? lui dis-je en lisant ses vers.

— Non, me répondit-il ; je ne l'ai jamais vu.

— Vous ne l'avez jamais vu ! Mais vous l'avez lu, car vous êtes son cousin germain.

Gérard de Nerval était là qui écrivait une page de voyage ; il leva la tête et regarda le nouveau venu. Je relus les vers tout haut, voulant que Gérard de Nerval reconnût aussi un ami de plus.

Gérard, qui avait posé, quelques années plus tôt, la première pierre de ce que nous appelions le dernier château du roi de Bohème, reconnut un des nôtres, jeta sa plume en l'air, et nous voilà partis tous les trois à perte de vue dans les méandres impossibles des chercheurs de poésie.

Ce qui nous plut dans Henry Murger, c'est que, s'il mêlait un grain d'ironie à toute chose, il gardait son cœur tout entier, et ne cherchait pas, comme les don Juan de ce temps-là, à le masquer sous les airs byroniens. Il était pâle et ravagé ; déjà il avait traversé la bohème sans le savoir. Il ne se plaignait de rien, si ce n'était d'écrire dans un journal de modes, lui dont l'habit datait de trop longtemps. . . . .

Henry Murger est mort comme un sage et comme un chrétien, et pourtant ce cœur toujours ouvert et qui n'a jamais rien caché pouvait dire, comme un de ses héros, à celui qui lui annonçait un prêtre : « Réponds-lui que j'ai lu Voltaire. » Mais il avait lu aussi l'Évangile.

Il n'a pas fait attendre longtemps la mort ; huit jours avant sa fin, il rentra chez lui de bonne heure, lui qui rentrait toujours tard, frappé du dernier coup. Il avait dîné avec ses amis et leur avait dit : « A demain! » Le lendemain, c'en était fait de lui. Un érésypèle l'avait envahi.

— N'est-ce pas, disait-il sans effroi, que j'ai déjà mon suaire ?

Il ne se croyait pas encore perdu ; mais, les derniers jours, il répéta à plusieurs reprises :

— Est-ce que cela ne va pas finir ?

Car il sentait bien que ses souffrances ne finiraient pas sans lui.

D'autres conteront mieux que moi cette histoire d'un conteur, mais ils ne la diront pas aussi bien que lui. Il s'est peint lui-même en vers et en prose dans presque toutes ses pages. Non-seulement on peut dire de lui qu'il a écrit parce qu'il a aimé, mais qu'il a écrit ce qu'il a aimé. Son cœur déborde dans chacun de ses livres, dans chacune de ses strophes. Il demeurera, avec Gérard de Nerval, le type consacré du poëte de la bohème. Ç'aura été la même vie à tous les vents et à tous les horizons. Ils ont eu chacun le don d'être heureux de tout, même de n'avoir rien. Louis XIV disait de Dufresny, leur frère aîné : « Je puis bien prendre une province, mais je n'ai pas le pouvoir d'enrichir Dufresny. »

Qui donc aurait pu enrichir Gérard et Murger ? La cigale n'a pas de grenier. Il n'y a pas longtemps qu'un créancier trop impatient faisait saisir le peintre de *la Vie de bohème,* qui riait beaucoup de voir les huissiers pour si peu.

— Déjà? dit-il. Ce que c'est que de n'avoir pas de pendule! On ne sait jamais l'heure de l'échéance. Saisissez, ce sera bientôt fait; car je n'ai ici que mon lit, mon habit et mes instruments de travail.

L'huissier regarda avec respect la plume de Henry Murger, et comprit qu'il ne pouvait pas se servir de la sienne.

C'était l'insouciance de La Fontaine; une La Sablière moins sérieuse, mais plus tendre que celle du fablier, a toujours veillé sur lui.

En cherchant bien, on trouverait la mère patrie des bohèmes sur le seuil d'Aspasie, où toute la jeunesse d'Athènes allait jeter son cœur. La bohème du moyen age fut à la Cour des Miracles; Victor Hugo l'a peinte aux ardentes couleurs de son style.

Sterne a tracé la géographie de la bohème fantastique. Charles Nodier s'y est perdu en la cherchant. Gérard de Nerval a écrit l'histoire de la *bohème galante.*

Après Gérard, Henry Murger est venu, qui a étendu la conquête au pays latin, et bientôt dans tout Paris. Il a prouvé que la bohème était là où chantait la jeunesse qui met son bonnet de travers; où les journalistes sans journaux, les ministres sans portefeuille, les orateurs sans tribune, les ambitieux sans étoffe, les éternels étudiants qui ne passent que la thèse de l'amour, jettent éperdument leur vie à tous les hasards ; mais, avec Henry Murger, *ci-gît la bohème!*

Un personnage conseillait à Murger de se lever matin.

— A quoi bon? s'écriait-il. Je sais bien qu'avec un peu d'ambition j'arriverais à être reconnu pour un dieu en habit noir. Mais qu'est-ce que cela? Et, d'ailleurs, Alexandre le Grand disait avec raison que les dieux ne sont plus que des hommes quand ils sont amoureux. Or, je suis toujours amoureux.

La cigale n'aime pas l'hiver. — L'hiver a tué Murger comme il avait tué Gérard il y a six ans, jour pour jour. — Dès que le premier rayon d'avril égayait sa fenêtre, Murger descendait en toute hâte de son cinquième étage et s'en allait, sans retourner la tête, dans sa chère forêt de Fontainebleau, où il passait le printemps, l'été et l'automne. Il avait une masure couverte en chaume qui parlait d'autant plus à son cœur qu'elle était plus humble. C'était la chaumière de Philémon et Baucis. Quand venait un ami, on avait toutes les peines du monde à trouver un troisième escabeau ; mais la poésie d'Henry Murger rayonnait sur cette masure et la transformait en Alhambra. Et les grands arbres de la forêt, avec leurs ramées chantantes, et les chemins verts qui conduisent toujours au pays de l'idéal! et la liberté de songer et de ne rien faire, car l'or le plus pur pour le poëte, c'est le temps perdu!

C'était là pourtant qu'il travaillait ; c'était là que, se retournant vers le passé, il interrogeait son cœur ou son esprit, qui lui racontaient toutes les scènes de sa jeunesse. Il dit quelque part, dans *la Vie de bohème :* « C'est après l'orage que j'ai peint mon tableau. » Si son tableau n'est jamais assombri, c'est qu'il nous le montre à travers l'arc-en-ciel du poëte. Peut-être l'homme pleurait au battement de son cœur, mais le conteur s'égayait aux souvenirs irisés..

Murger ne prenait pas toujours le temps d'écrire ses vers. Avant de mourir, il vient de les recueillir en un volume encore inachevé. — Mais il n'y a en ce monde que des commencements, a dit un philosophe en jupons. — Ce volume sera son testament poétique ; les poëtes laissent ce qu'ils peuvent. Les riches lèguent leur bien aux pauvres ; les pauvres, quand ils sont poëtes, lèguent leur âme à tout le monde. . . . .
. . . .

Plus que tout autre, Murger a fait vibrer en nous la chanson des vingt ans. Pareil à la belle fille d'Ionie qui n'avait pas une cithare dorée, mais qui était plus écoutée parce qu'elle chantait les airs chers aux amoureux, il nous charmait bien plus que ceux-là qui jouent les grands airs savants avec l'archet d'or d'Apollon. Son Parnasse n'était pas si haut ; son violon n'était pas un stradivarius ; mais il avait une âme comme celui d'Hoffmann, et il en jouait jusqu'aux larmes.

Arsène Houssaye.

Qu'il me soit permis, même après la page si émue et si sympathique que M. Arsène Houssaye a consacrée à Henry Murger, de lui adresser ici un dernier adieu. Il y a place sur son tombeau pour plus d'une couronne, et il me semble que tous ceux qui l'ont connu doivent à sa mémoire un salut et un témoignage.

Il est difficile de définir en deux mots ce talent nuancé et mobile. On pourrait dire cependant que Henry Murger fut le poëte de la pauvreté. Il l'avait connue de bonne heure ; elle s'était emparée de toute sa jeunesse ; il avait fini par l'accepter avec une résignation mélancolique et moqueuse. La pauvreté devint bientôt sa muse ; c'est d'elle qu'il tient ce rire mouillé de larmes qui est la physionomie de son talent. — Comme ces voyageurs qui s'immortalisent en hivernant dans une région désolée, Henry Murger dut sa renommée à cette bohème des arts et des lettres où il fit une station si longue et si rude. D'autres avant lui l'avaient entrevue, mais de loin et sans l'aborder ; Murger en revint comme d'un pays natal, et il en rapporta de si curieux et de si touchants récits, qu'on peut dire que c'est lui qui l'a découverte.

. . . .

On se souvient de l'impression produite par les *Scènes de la vie de bohème,* et du succès éclatant que remporta plus tard le drame sorti de ce livre. C'était le bûcher du supplice transformé en feu d'artifice, l'esprit niant la douleur, l'amour embrassant la misère, le Roman tragi-comique de la jeunesse enfermée dans la tour de la Faim, et y chantant ses tortures. — Je viens de relire ce drame étrange ; le deuil du poëte l'assombrit sans doute ; mais, cette fois, il m'a semblé mortellement triste sous sa gaieté stoïque. Que de noires réalités éclaire cette verve éblouissante! la mansarde nue, le foyer sans feu, la table sans pain, et, à travers les fleurs fanées de la fenêtre, la morne façade de l'hôpital qui apparaît comme l'étape fatale de ces précaires existences! L'amour même ne colore ce sombre intérieur que d'un rayon fugitif. Musette, la fille de plaisir, a un cœur d'hirondelle ; elle s'envole au premier froid. Mimi, la fille de la douleur, n'y apparaît que pour mourir.

On se souvient de cette dernière scène qui fit couler tant de larmes : Mimi rentrant blessée au cœur dans son pauvre nid battu par le vent. Rien de plus touchant que cette agonie enfantine doucement balancée entre le ciel et la terre, mélange ingénu de larmes et de sourires, de résignations et de désespoirs. Elle expire, et ses yeux voilés admirent encore la robe de Musette, et ses mains, prises du tremblement des mourants, en chiffonnent encore la frange de dentelles. — Vous diriez une enfant a demi sombrée dans la terre, se retenant aux fleurs de son tombeau. Son amant lui revient; mais il n'est plus temps : les sensitives froissées ne refleurissent pas.

. . . .

Henry Murger savait toutes les angoisses et tous les périls de la bohème douloureuse; il en avait rapporté des blessures qui saignèrent jusqu'au dernier jour. Il y a quelque chose du rire sardonique dans le récit enjoué qu'il fait de ses misères; on y sent des larmes retenues et des sanglots étouffés. Il a exprimé avec une mélancolie pénétrante ce souvenir du martyre subi et de l'épreuve traversée. Dans la dédicace de sa *Vie de bohème,* il se retourne et regarde, avant d'en sortir, la « cité dolente » qu'il a si longtemps habitée : ses illusions se dissipent, ses mirages s'évanouissent, elle lui apparaît un instant dans toute son horreur.

. . . .

Ce qu'il aurait pu dire encore, c'est qu'il était sorti de cet orage sans défaillance et sans amertume; c'est que l'adversité ne fléchit jamais la droiture de son caractère, c'est que la souffrance avait attendri son âme au lieu de l'aigrir. Étranger aux passions du monde littéraire, il n'en connaissait que les amitiés et les enthousiasmes. Jamais il n'abusa du don terrible qu'il avait d'ajuster la raillerie et d'aiguiser l'épigramme; sa verve brillait sans blesser : c'était une arme de luxe dont il ne se servait que pour les fêtes de l'esprit. Ce qu'on ne saurait trop dire encore, c'est ce respect de son talent que M. Édouard Thierry a dignement loué sur sa tombe. Il n'accorda pas une ligne à l'art vulgaire; il ne fit jamais à la popularité de ces avances qui dégradent. Ce poëte de la bohème était le plus consciencieux et le plus soigneux des artistes. Il mettait à polir une phrase le temps qu'un lapidaire met à tailler un bijou. Une *nouvelle à la main,* jetée dans le courant du journal, lui coûtait souvent toute une nuit de veilles; la moindre de ses flèches était ciselée. Sa vie souffrait de cette production si laborieuse et si lente; mais il préférait la gêne à l'imperfection volontaire. La nécessité même, qui force si souvent la plume du poëte à courir comme un outil vulgaire et rapide, ne lui arracha jamais une page ébauchée.

C'est pourquoi son œuvre lui survivra. Le fini, en littérature, préserve et protége. Les monuments construits en pierres grossières s'écroulent promptement; une bague délicatement ciselée passe de main en main et ne périt pas. — L'œuvre de Murger est dédiée tout entière à la pauvreté et à la jeunesse. Le succès l'avait tiré de la bohème, mais son esprit y était resté. Il s'était arrêté, pour ainsi dire, à l'heure des vingt ans; il continua de chanter les joies et les clartés de l'heure envolée.

. . . .

Sa vie se passa à célébrer les fêtes ou à mener le deuil de ses jeunes années. Il demeura enchanté, pour ainsi dire, dans cette bohème riante et sinistre où avait erré sa jeunesse. Il ne cessa d'en poursuivre et d'en évoquer les fantômes. La plupart de ses romans ne font que reproduire, sous des formes nouvelles, son premier tableau.

Seulement, avec le temps, les tons crus s'effacent, les couleurs sombres s'éclairent. La bohème, à mesure qu'il s'en éloigne, lui apparaît dans une vapeur poétique. Ses ténèbres s'illuminent, ses aspérités s'adoucissent ; ce n'est plus le pays de l'obscurité et de la famine, c'est une heureuse et insouciate Arcadie.

Henry Murger ne fit que passer au théâtre, mais chacun de ses pas a marqué sur la scène et a laissé trace. Trois ans après *la Vie de bohème,* il donnait à la Comédie-Française une fraîche et piquante idylle. Ici encore, c'est la jeunesse éternisée, en quelque sorte, sous les cheveux blancs du *Bonhomme Jadis.* Comme ce roi qui, dans son ivresse, voulait que son royaume fût ivre avec lui, le poëte épris de jeunesse voulait que les vieillards mêmes eussent vingt ans, dans le pays de sa fantaisie. — C'est au théâtre que son esprit a souri pour la dernière fois. Il y a deux mois à peine, on applaudissait *le Serment d'Horace,* une bluette, un rien, une dentelle, mais brodée de ces mots charmants qui marquent ses moindres œuvres, comme d'un chiffre à lui.

Henry Murger laisse un livre posthume, dont il corrigeait les épreuves, lorsque survint le mal terrible qui l'a dévoré. C'est le recueil de ses vers, jetés à tous les vents, et qu'il rassemblait pour la première fois. Le poëte est mort avant d'avoir eu le temps de lier sa couronne. Je viens de parcourir ces pages volantes qui s'effeuilleront sur un tombeau. C'est la fleur de son talent, ce *dessus du panier* dont il a parlé tant de fois. L'instrument poétique est faible, mais d'une pureté ravissante. Cette faiblesse même a son charme; on sent mieux le souffle du cœur à travers les fêlures du roseau brisé. — Là, plus de misères nues ni de sombres réalités; une brise de printemps souffle dans ces pages, les illusions y chantent, le soleil y brille, la pauvreté marche légèrement sous son bagage d'espoirs et de rêves; l'amour parle la langue moqueuse et tendre des bohémiens d'Alfred de Musset.

Ce sont encore de frais paysages peints à la plume dans cette forêt de Fontainebleau, qui était comme son lieu d'asile. Ses *Chansons rustiques* sont de vrais airs de pipeau, faits pour être répétés par les échos des vallées et les violons des ménétriers. L'air des champs fortifie la muse de Murger; il l'empreint de ces belles couleurs du hâle, qui sont celles de la santé et de la vigueur.

Cependant, en interrogeant les fragments de cette lyre brisée, j'y trouve quelques cordes dont la note plaintive semble tinter un glas ou murmurer un présage.

. . . .

Les funérailles d'Henry Murger ont été, pour sa mémoire, un triste et suprême honneur. La grande famille des lettres et des arts suivait son convoi; ce n'étaient parmi cette foule que regrets, sympathies, nobles et touchants souvenirs rappelés et murmurés à voix basse. Tous ceux qui l'ont connu regrettaient en lui l'honnête homme, le confrère dévoué, l'ami cordial et fidèle. On se rappelait sa bonté de cœur, sa douceur constante, l'aménité de son caractère et cette gaieté courageuse qui dérobait à l'amitié même le secret de ses afflictions.

Son nom, si cher à la jeunesse, ne périra pas: il résume de cruelles souffrances et de douces ivresses; il représente les luttes de la vocation contre l'obstacle et du talent contre la misère. — On va lui élever un tombeau; j'y voudrais voir graver cette figure d'Auguste Préault, dont le masque joyeux, à demi soulevé, découvre un visage sillonné de larmes.

Paul de Saint-Victor.

TABLE

Sonnet au lecteur.................................... 1
Dédicace de *la Vie de Bohême*..................... 3

LES AMOUREUX

A Ninon... 7
Ophélia... 11
Madrigal.. 15
Chanson... 17
Renovare.. 19
Le *Requiem* d'amour................................ 23
La chanson de Musette............................... 35
Au mur de ma cellule................................ 39
La chanson d'hiver.................................. 41
La jeunesse n'a qu'un temps......................... 45

CHANSONS RUSTIQUES

Le dimanche matin................................... 51
Ma mie Annette...................................... 57
La menteuse... 63
Les abeilles.. 67
Les corbeaux.. 71
Le chien du braconnier.............................. 75

FANTAISIES

Marguerite.. 83
Printanière... 85
A ma cousine Angèle................................. 91
Antithèse... 95
Le plongeur... 99
Au balcon de Juliette............................... 101
Pygmalion... 103
La rosée.. 105
A Hélène.. 107

TABLE.

A une étrangère................................ 109
A G. D... 113
Si tu veux être la Madone...................... 115
Le vin bleu.................................... 119
A une dame inconnue............................ 121

PETITS POËMES

Lettre à un mort............................... 137
Ultima spes mortuorum.......................... 143
A la fontaine de Blandusie..................... 151
A un adolescent................................ 155
Les émigrants.................................. 159
Courtisane..................................... 165
Le testament................................... 169
La ballade du désespéré........................ 175

BALLADES

A Arsène Houssaye.............................. 183
Les amours d'un grillon et d'une étincelle..... 185
La tournée du diable........................... 219
Les trois voiles de Marie Berthe............... 223
Les messages de la brise....................... 225
Rose et Marguerite............................. 229
Le collier de larmes........................... 235
Le premier péché de Marguerite................. 241

ÉTUDES SUR HENRY MURGER
par

Jules Janin.................................... 249
Théophile Gautier.............................. 260
P.-A. Fiorentino............................... 267
Arsène Houssaye................................ 273
Paul de Saint-Victor........................... 279

F. Aureau. — Imprimerie de Lagny

www.ingramcontent.com/pod-product-compliance
Lightning Source LLC
Chambersburg PA
CBHW050626170426
43200CB00008B/907